KB112883

계몽의 변증법

야만으로 후퇴하는 현대

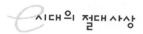

e시대의 절대사상

계몽의 변증법

야
만
으
로

후
퇴
하
는

현
대

| 노명우 | 아도르노 · 호르크하이머 |

살림

*e*시대의 절대사상을 펴내며

고전을 읽고, 고전을 이해한다는 것은 비로소 교양인이 되었다는 뜻일 것입니다. 또한 수십 세기를 거쳐 형성되어 온 인류의 지적유산을 제대로 이해하고, 그 바탕 위에서 새로운 자기만의 일을 개척할 때, 그 사람은 그 방면의 전문가가 될 수 있을 것입니다. 프랑스의 대입제도 바칼로레아에서 고전을 중요하게 취급하는 까닭도 그와 같은 이유 때문이겠지요.

그러나 예전에도, 현재에도 고전은 유령처럼 우리 주위를 떠돌기만 했습니다. 막상 고전이라는 텍스트를 펼치면 방대한 분량과 난해한 용어들로 인해 그 내용을 향유하지 못하고 항상 마음의 부담만 갖게 됩니다. 게다가 지금 우리는 고전을 읽기에 더 악화된 시대를 살고 있습니다. 변하지 않고 있는 교육제도와 새 미디어의 홍수가 우리를 그렇게 만들고 있는 것입니다.

고전을 읽어야 하지만 읽기 힘든 것이 현실이라면, 고전에 친근하게 다가갈 수 있는 새로운 방법을 응당 고민해야 하지 않을까요? 살림출판사의 *e*시대의 절대사상은 이러한 문제의식을 가지고 기획되었습니다. 고전에 대한 지나친 경외심을 버리고, '아무도 읽지 않는 게 고전'이라는 자조를 함께 버리면서 지금 이 시대에 맞는 현대적 감각의 고전을 만들고자 했습니다.

고전의 내용이 지나치게 주관적으로 해석되어 전달되는 위험을 피할 수 있도록 그 분야에 대해 가장 정통하면서도 오랜 연구 업적을 쌓은 학자들이 자신의 경험을 응축시켜 새로운 고전으로의 길을 열고자 했습니다. 마치 한 편의 잘 짜인 다큐멘터리 프로그램을 보듯 고전이 탄생할 수 있었던 시대적 배경과 작가의 주변 환경, 그리고 고전에 담긴 지혜를 재미있게 습득할 수 있도록 내용을 구성했고, 난해한 전문용어나 개념어들은 최대한 알기 쉽게 설명했습니다.

이전에 경험하지 못했던 새로운 감각의 고전 e 시대의 절대사상은 지적욕구로 가득 찬 대학생·대학원생들과 교사들, 학창시절 깊이 있고 폭넓은 교양을 착실하게 쌓고자 하는 청소년들, 그리고 이 시대의 리더를 꿈꾸는 모든 사람들에게 생생하게 살아 숨쉬는 인류 최고의 지혜를 전달할 것이라고 확신합니다.

기획위원

서강대학교 철학과 교수 강영안

이화여자대학교 중문과 교수 정재서

들어가는 글

철학은 요약될 수 없다고 아도르노는 말했다. 그의 말처럼, 요약될 수 있다면 그것은 철학이 아닐 것이다. 이 책은 『계몽의 변증법』에 대한 요약서가 아니다. 이 책은 『계몽의 변증법』에 대한 해석이며, 『계몽의 변증법』에 대한 강독 기록이다. 전자는 이 책의 성격이며, 후자는 이 책이 생겨난 배경이다.

해석자는 해석 텍스트를 생산할 때 해석의 대상이 되는 저자의 지위를 활용하여 저자의 아들이 되려는 욕망을 느낀다. 플라톤이 소크라테스의 해석자라는 겸손한 지위를 내세우며, 궁극적으로 소크라테스의 대리보충자의 역할을 수행했던 것처럼, 고전에 대한 해설서를 쓰는 저자는 또 다른 플라톤이 되고자 하는 욕망으로부터 자유롭지 못하다. 대리보충자로서의 해설자, 대리보충으로서의 고전에 대한 해설은 독이자 동시에 약이다. 해설자가 한 사상가에 대한 정통한 해석자임을 내세우며, 은밀히 텍스트 저자의 지위를 자신의 지위로 바꿔치기 할 경우 해석은 독이다. 해설로 인한 독을 피할 수 있는 유일한 방법은 해설자가 독점적이고 배타적인 지위를 주장하지 않고, 자신의 지위를 독자로 낮출 때 생겨난다. 나는 『계몽의 변증법』에 대한 유일한 해설자, 배타적 해설자의 지위를 차지하기 위해 이 책을 쓰지 않았다. 나의 지위는 『계몽의 변증법』의 저자들과의 대화를 시도하는 한 사람의 독자이다.

　나는 『계몽의 변증법』에 도달하려는 독자들과 『계몽의 변증법』의 저자 사이의 대화를 촉진하기 위해 이 책을 쓴다. 나는 매개자로서 때로는 저자들의 입장에, 때로는 독자들의 입장에 선다. 나는 독자들이 던질 수 있는 질문들과 의문들을 저자에게 던지고 저자의 입장에서 대답하려 한다. 그렇기에 이 책에서 시도되는 『계몽의 변증법』 해설은 저자의 권위를 대신하는 절대적 해석이 아니라, 저자의 책을 독자의 입장에서 또 다른 독자에게 전달하는 전령사의 목소리를 담고 있다. 따라서 이 책은 『계몽의 변증법』에 대한 해설서이면서, 동시에 나와 『계몽의 변증법』의 저자들 사이의 가상 대화록이기도 하다. 그렇기에 이 책은 『계몽의 변증법』에 종속되면서도, 『계몽의 변증법』과는 다른 지위를 갖는다. 이 책은 2005년 「미디어 문화연구소」에서 진행되었던 『계몽의 변증법』 강독 모임의 결과이다. 강독 모임에 참가했던 강신규, 김광석, 김지혜, 방희경, 성주희, 송병희, 이하경, 홍성일, 김지혜로부터 많은 도움을 받았다. 또 김한솔과 방희경은 원고정리의 수고 스러움을 마다하지 않았다.

일러두기

이 책은 아도르노와 호르크하이머의 공저인 『계몽의 변증법 *Dialektik der Aufklärung*』의 한국어 번역판(김유동, 문학과 지성사, 2001)에 따라 집필되었다. 특별한 언급이 없는 한 본문의 인용문은 한국어판이다. 각 인용문 끝에 한국어판의 쪽수를 괄호 속에 표시 하였다.

야만으로 후퇴하는 현대

계몽의 변증법

Dialektik der Aufklärung

야만으로 후퇴하는 현대

계몽의 변증법

1부

시대 · 작가 · 사상

Dialektik der
Aufklärung

『계몽의 변증법』은 20세기 문화에 대한 비판이며, 더 나아가 20세기의 과학주의에 대한 비판이다. 계몽주의의 아들인 과학주의는 과학의 발전을 인간 사회의 정치적·경제적 재앙을 막을 수 있는 구세주라 찬양했다. 하지만 아도르노와 호르크하이머에 의하면 과학은 진보의 수단이 아니라, 지배의 도구로 전락했다. 이 책에는 20세기와 대결하고, 20세기를 비판적으로 독해하려 했던 아도르노와 호르크하이머의 노력이 고스란히 담겨 있다.

1장

아도르노와
호르크하이머의 삶

존경의 근원

　지식인이라는 호칭이 부여되는 직업을 가진 사람들이 있다. 이 사람들이 거들먹거리며 세상의 진리에 대해 이야기를 하면, 지식인이 아닌 사람들은 그의 말을 경청한다. 지식인이 아닌 사람들은 지식인 앞에서는 그를 존경하는 표정을 짓고 있다. 하지만 그 존경은 거짓인 경우가 더 흔하다. 그러므로 지식인이 아닌 사람들이 뒤돌아서서 지식인에 대해 나누는 말을 지식인은 듣지 않는 편이 낫다. 지식인이 권력을 갖고 있을 때 그는 세상의 존경을 얻었다고 착각하지만, 그 존경은 인간의 삶처럼 오래 가지 못한다. 그들이 더 이상 대학교수가 아닐 때, 영원할 것 같던 지식인에 대한 존경은 휘발유처럼 사라진다. 존경의 진위 여부는 그가 죽고 난 이후 판명된다. 지식인에 대한 존경은 지식인의 '이후 삶'에서 판명된다.

『계몽의 변증법』의 공동저자 아도르노(Theodor W. Adorno)와 호르크하이머(Max Horkheimer)는 존경받는 '이후 삶'을 얻었기에 여전히 우리와 함께 살고 있는 지식인이다. 아도르노와 호르크하이머는 지식인이자, 대학교수였으며 뛰어난 저술가였다. 지식인, 대학교수, 저술가로서의 세 가지 역할을 제대로 수행하는 사람이 드문 요즘, 성찰성 있는 지식인이자 훌륭한 대학교수로 기억되고, 감히 넘볼 수 없는 사상적 깊이와 유려한 문체의 저자라 칭송되는 아도르노와 호르크하이머가 위대한 사상가로 남은 이유는 무엇일까? 세 가지 역할에 충실할 수 있었던 원인을 그들의 천재성으로 돌린다면, 우리는 그들을 제대로 이해했다고 말하기 어렵다. 그들을 '아도르노'와 '호르크하이머'로 만든 근원은 개인적 천재성이 아니라 학문과 지식에 대한 그들의 독특한 태도이다.

그들에게 지식은 단순한 정보가 아니었다. 그들에게 지식은 올바른 삶을 지향하는 지혜와 밀접한 관련을 맺고 있다. 지식인은 정보를 축적하기 위해 새로움을 추구하는 사람이 아니라, 올바른 삶과 지식의 유리를 조장하는 현대의 경향[아도르노의 개념으로 표현하자면 '관리되는 사회(die verwaltete Gesellschaft)']에 거슬러 빗질하는 사람이다. 그러므로 대학교수는 정보의 전달자가 아니라 강의실에서 지식을 올바른 삶과 연결시킬 수 있는 방법을 전달하는 사람이었으며, 저자는 독자를 높은 곳에서 내려다보며 웅변하는 사람이 아니라 독자와 공감을 꾀하는 사람이었다. 그에게 지적 능력은 우월성이 검증되는 범주가 아니라 도덕과 윤리의 범주였다.

도덕적인 범주인 지적 능력은 "아주 은밀히 개인적 존재를 규정하고 있는 객관적인 권력"을 감지하는 예민한 촉수로부터 생긴다. 지적 능력을 지닌 사람은 예민한 촉수를 논리의 체계와 순서, 그리고 배합을 분류하고 배열하기 위해 사용하지 않는다. 지식은 공감으로부터 출발하며 공감에 도달해야 한다. 지적 능력을 도덕적 범주로 파악하는 사람은 '상처받은 삶'과 공명하기 위해 지적 능력을 사용한다. 지식인도 '관리되는 사회'의 지배구조에 편입되어 있는 이상 '상처받은 삶'으로부터 자유롭지 못하다. 지식인의 '상처받은 삶'은 물질적인 궁핍으로 인한 '상처받은 삶'과는 다르다.

물질적 궁핍 때문에 고통당하고 있는 사람은 지식인이 물질적 기여를 하지 못한다는 이유로 냉소적인 눈길을 보낸다. 하지만 동시에 그는 "독립적인 지성"을 추구하고, "자율성"을 자신의 삶의 조건으로 생각하기 때문에 권력자들은 지식인에게 "자율성"과 "독립적인 지성"을 삶의 관계로부터 해방시켜 '제3의 특권적 사람'으로 만들어 주겠다는 유혹의 눈길을 보낸다. 지식인이 유혹의 눈길을 뿌리칠 경우, 그는 아래로부터의 냉소적인 시선과 위로부터는 아래에 있는 사람들이 보낸 첩자가 아닐까 하는 의심의 눈초리를 동시에 느낄 수밖에 없다.

아래로부터 그에게 쏟아지는 냉소적 눈길을 모면하기 위해, 지식인은 '상처받은 삶'으로부터 어느 누구도 자유로울 수 없으며, 아래에 있는 사람과 지식인 사이의 차이는 없다고 주장하기도 한다. 하지만 지식인의 이런 주장은 옹색한 변명이다. 지식인은 육체노동을 하지 않는다. 그 사실은 지식인도 아래에 있는 사람이 겪는 상처의 근원, '계몽의 변증법'에 얽혀 있다는 주장을 설득력 없게 만든다. '계몽의 변증법'의 파장과 강도는 균등하게 분배되지 않는다. 위로부터의 유혹의 눈길에 현혹되지 않았다는 사실 하나로 자신이 '비판적'이라고 자부하면서, '비판 능력'을 위로부터 쏟아지는 의심의 눈초리를 막아내는 방패로 사용하는 지식인은 그저 머리가 좋은 사람일 뿐이다. 그에게는 진정성이 결여되어 있다.

비판 정신은 타협 없는 지사적 순결성이나, 사회적 진공상태 속의 정신 활동의 산물이 아니다. 비판 정신은 아래로부터의 냉소적인 눈길과 위로부터의 유혹과 의심의 눈초리 사이에서 그를 바라보는 눈길을 피하기 위해 아래의 눈길을 위로부터의 눈길로 막아내고, 위로부터의 눈길을 아래로부터의 눈길로 막아내지 않을 때 자란다. 비판 정신의 귀결점은 유토피아에 관한 희망이 사라지는 시대에 유토피아에 대한 희망을 '원칙'으로 정립시키는 활동이다. 위와 아래 사이에서 지식인에게 생길 수 있는 사유의 분열은 자신이 처한 '사이'에 대한 자기 성찰로서만 치유될 수 있다. 그래서 지식인이자, 대학교수이며 저술가인 아도르노와 호르크하이머는 '희망'에 대해 우리들에게 묻는다. '비판'을 핑계와 관습으로 사용하고, '비판적 지성'을 상표로 사용하고 있는 지식인에게 부족한 것은 그들이 『계몽의 변증법』에서 제시했던 테제에 대한 상식이 아니다.

아도르노와 호르크하이머의 저서를 잘 요약할 수 있는 지식인이, 만약 학문을 올바른 삶에 대한 성찰의 출발로 생각하는 태도를 모른다면, 그는 아도르노와 호르크하이머를 모르는 사람일 뿐이다. 아도르노와 호르크하이머가 '이후 삶'에서 얻은 존경의 근원은 그들이 『계몽의 변증법』에서 제시한 테제를 우리가 암송한다고 해도 이해될 수 없다. 성급한 독자는 아도르노와 호르크하이머가 모든 것에 대해 대답해 주기를 바라지만, 성찰은 표준답안의 암송이 아니라 좋은 질문에 대한 스스로의 답변에서 싹튼다. 아도르노와 호르크하이머는 질문을 던진다. 응답은 독자의 몫이다.

『계몽의 변증법』과 뒤바뀐 학문적 운명

학문하는 사람에게 가장 큰 행운은 자신의 삶을 바꾸어 놓은 '인생의 책'과의 만남이다. 나에게 아도르노와 호르크하이머가 단순히 지식인이라는 호칭을 부여받을 수 있는 직업을 가졌던 사람이 아니라 '이후 삶'을 통해 나와 함께 숨 쉬고 있는 삶의 모델이듯, 『계몽의 변증법』은 단순히 내가 읽었던 여러 책 중 한 권의 책이 아니라 삶을 바꾸어 놓은 대전환의 계기를 마련해 주었다.

고등학교 시절 교련 수업을 통해 나는 총을 처음으로 손에 쥐었다. 어느 날 교련 시간, 우리는 우스꽝스러운 교련복을 입고 집총훈련을 받아야 했다. 그 날 나는 대검을 장착한 총으로 적의 목을 찌르는 훈련을 받았다. 교련 선생님은 이렇게 우리에게 대검으로 목을 찌르는 요령을 알려 주었다. "대검으로 그냥 목을 푹 찌른다고 적이 죽지 않는다. 찌르고 나서 대검을 뺄 때 비틀어야 확실히 적을 죽일 수 있다." 그 말을 듣고 나서 나는 내가 들고 있는 이 모조총의 의미를 깨달았다. 그 말을 듣기 전까지 나는 그저 장난감을 손에 들고 있다고 생각했다. 하지만 내가 들고 있는 것은 모조품이라도 '총'의 모조품이었다.

1980년 5월 실제로 총이 그렇게 사용되는 '야만'이 벌어졌다는 것을 대학에 들어가서 알게 되었다. 그 이후 나의 삶의 목표는 너무나 간단했다. 현실은 최소한 지금과는 달라야 했다. 책은 현실을 부정해야 했던 나에게 세상을 알려 주는 유일한 매개였다. 신문은 믿을 수 없었으며, 방송은 더욱더 믿을 수 없는 정보를 나에게 알려 주는 매체였다. 대학시절 나는 닥치는 대로 책을 읽어댔지만, 그 어느 책도 나에게 속 시원히 내가 벗어나야 하는 이 '억압'의 근원이 무엇인지 설득력 있게 설명해 주지 못했다. 많은 책을 통해 나는 내가 살고 있는 이 현실이 얼마나 억압적인지를 알 수 있었지만, 내가 원했던 바는 이 현실이 얼마나 억압적인지가 아니라 여기에서 벗어날 수 있는 방법이었다. 왜 '억압'이 생겨났는지를 알아야, '억압'에서 벗어날 수 있는 방법을 찾을 수 있지 않겠는가.

정식으로 출판되지 않았던 마르크스(Karl Marx)의 『공산당 선언 *Das Manifesto der kommunistischen Partei*』을 조악한 프린트 판으로 읽던 날이 기억난다. 마르크스의 『공산당 선언』은 좋은 책은 감동적인 영화처럼 사람의 머리가 아니라 '신체'에 충격을 가한다는 것을 일깨워 주었다. '억압'의 근원을 찾고 있던 나는 『공산당 선언』을 읽고 난 이후 마르크스처럼 생각했고, 그의 생각처럼 '억압'의 근원을 자본주의에서 찾았다. 마르크스는 내가 세계를 들여다보는 통로이자 도구였다.

마르크스를 탐독하던 시절 나는 아도르노와 호르크하이머를 서구 마르크스주의자로 이해했다. 독일어로 책을 읽을 수 없었기에 나는 아도르노와 호르크하이머를 그 당시 번역되었던 비판이론에 대한 해설서를 통해 접했다. 해설서에 등장하는 비판이론은 마르크스처럼 충격적이지 않았다. 해설서를 통해 내가 얻었던 비판이론가에 대한 인상은 마르크스 이후 마르크스보다 좀더 배부른 고민을 했던 사상가였다. 당시 번역되어 있던 프랑크푸르트 학파에 대한 훌륭한 소개서인 마틴 제이(Martin Jay)의 『변증법적 상상력』을 읽었지만, 아도르노와 호르크하이머는 정통 마르크스주의적 틀에서 세계를 판단하려고 했던 나에게 그저 변형된 서구 마르크스주의의 사례에 불과했다. 1980년대에 나는 그 어떤 비판이론가들의 책도 읽지 않았고, 마틴 제이의 『변증법적 상상력』은 서가에서 잘 보이지 않는 위치로 내쳐졌다.

1994년 나는 독일로 유학을 갔다. 독일 유학의 결심은 '운명'과 같았다. 스무 살 시절부터 나는 희미하게 내 인생의 진로를 계획할 때, 내가 만약 학자로의 길을 선택하게 된다면 독일에서 공부할 것이라 결심했다. 독일은 나에게 마르크스와 베토벤의 나라였다. 둘 다 포기할 수 없는 내 인생의 소중한 인물들이었기에, 그들을 배출한 독일이라는 나라에서 내가 공부할 수 있다는 단순한 사실조차도 나는 영광으로 느꼈다. 독일로 떠날 때 나는 여전히 마르크스에 관심을 갖고 있었고, 노동운동에 관한 박사학위 논문을 쓰리라 생각했다. 1994년부터 3년간의 준비를 거쳐 1997년 나는 노동운동에 관한 주제로 독일 브레멘(Bremen) 대학 사회학과에 박사학위 연구계획서를 제출했고, 박사과정으로 재입학했다. 1997년 특별한 일이 없었다면, 나는 노동운동에 관한 박사학위 논문을 썼을 것이고 이력서 위에 내 전공은 '산업사회학'이라고 썼을 것이다.

1997년 나는 아도르노와 호르크하이머의 『계몽의 변증법』 독일어판을 브레멘 대학의 구내서점에서 구입했다. 당시 브레멘 대학에서는 한국인 유학생들끼리 주최하는 세미나 모임이 있었다. 1997년 어느 날 그 세미나의 주제는 『계몽의 변증법』이었다. 나는 그 책을 읽기 전까지 내가 스무 살 시절에 갖고 있었던 비판이론가들에 대한 인상에 의해 지배되고 있었다. 내가 참석하는 세미나에서 그 책을 텍스트로 삼았고, 나는 그 세미나에 참석해야 했다. 그렇게 나는 『계몽의 변증법』과 처음으로 만났다.

그 책은 도통 알 수 없는 암호로 가득 찬 듯했다. 아직 독일어로 능숙하게 책을 읽을 수 없었던 나에게 외국어로 책을 읽어야 한다는 어려움에 내용의 난해함이 더해져 그 책을 이해하기는 힘들었다. 나는 그 날 책을 다 읽지 못한 채로 세미나에 참석했고, 그 세미나에서 포스트 모던(postmodern)을 주장하는 사람들과 마르크스를 옹호하는 사람들 사이의 치열한 논쟁을 들었다. 『계몽의 변증법』은 오기와 더불어 묘한 호기심을 불러일으켰다. 도대체 이 책에 들어 있는 내용이 무엇이기에 나를 이렇게 힘들게 만드는가? 나는 오기가 작동했다. 독일어 실력을 향상시킬 겸 이 책을 반드시 읽고 말아야겠다고 결심했다.

암호 같은 내용으로 가득 찬 이 책을 읽는 것은 암호해독과 같은 지루한 과정이었다. 하지만 어느 날 밤 '섬광'처럼 이 책은 나에게 충격을 던져 주었다. 『공산당 선언』 이후 이 책은 나에게 다시 한 번 가슴이 두근거려 더 이상 책장을 넘길 수 없는 진한 감동을 선사하는 책으로 다가왔다. 이 책을 다 읽었을 때 저 멀리 기차 소리가 들렸다. 나는 그 날의 기차 소리를 지금도 생생하게 기억하고 있다. 암호문 같던 이 책은 그 날 이후 엉킨 실타래의 가닥을 제대로 찾아내면 쉽게 풀리듯, 스무 살 이후 내가 지녔던 번민을 단번에 해결해 줄 수 있는 모티프로 가득 찬 책으로 변화했다. 그 날 이후 『계몽의 변증법』은 내 인생을 바꾸어 놓았다.

『계몽의 변증법』이 나에게 던져 준 충격 때문에 나는 박사학위논문 주제를 바꾸었다. 박사학위 논문의 주제 변경은 나에게 대가를 요구했다. 내가 박사학위 논문 주제를 바꾸게 되면 지금까지 준비했던 박사학위 논문 연구계획서는 무용지물이 된다. 게다가 내가 선택한 주제로 박사학위 논문을 위해 내가 독일에서 투자했던 시간은 의미를 상실해야 한다. 하지만 나를 더욱더 두렵게 만들었던 것은, 내가 박사학위 논문 주제를 바꾸게 되면 한국으로 돌아갈 수 있는 시간이 무한정 지연될 수 있을 것이라는 공포감이었다. 외국어로 글을 쓰고 외국어로 말을 해야 하는 압박감에 시달리고 있던 나에게, 새로운 박사학위 논문 주제 선택은 형량을 알고 있는 죄수가 '무기형'을 다시 선고받는 것과 같았다. 주위 사람들은 경제적 선택을 하라고 충고했다. 박사학위를 받는 것이 중요하다고 그들은 현실적 경고까지 했다. 아도르노로 주제를 변경하겠다는 나의 고민을 주변 사람들은 모두 위험하다고 했다. 어떤 이는 아도르노로 주제를 변경하게 되면 박사학위를 받기 위해서는 최소한 10년 이상을 투자해야 할 것이라 했다.

어느 날 나는 노동조합과 노동운동에 관한 책들을 '바나나 상자'에 담아 창고로 옮겼다. 그 날 이후 아도르노를 읽기 시작하며, 새로운 박사학위 논문 연구계획서를 준비하기 시작했다. 아도르노를 다시 읽기 시작했을 때, 주위 사람들의 현실적인 경고는 더 이상 나에게 영향을 끼치지 않았다. 나는 이미 『계몽의 변증법』의 진한 매력에 감염되어 있었으며, 그 책에 담겨 있는 모티프는 내가 지녀 왔던 삶의 고민과 맞닿아 있음을 느꼈기에, 아도르노를 포기하는 것은 내 인생을 포기하는 것과 같았다. 비록 내가 새로 시작한다면 언제 학위를 끝낼 수 있을지 모르지만, 적어도 내 인생이 단 한 번뿐이라면 그리고 사람이 살면서 박사학위 논문을 쓸 수 있는 기회를 단 한 번 맞이한다면 비록 언제 끝낼 수 있을지 아무도 모른다 하더라도, 내가 만족할 수 있는 주제로 논문을 써야겠다고 생각했다.

새로 작성한 박사학위 논문 계획서를 나는 베를린 자유대학의 디트마 캄퍼(Dietmar Kamper) 교수에게 보냈다. 2주일을 기다려도 캄퍼 교수에게 아무런 응답이 없자, 나는 용감하게 베를린으로 가는 기차를 탔다. 그리고 면담시간에 그를 찾아갔다. 캄퍼 교수를 만날 때까지 나는 그가 박사과정 학생으로 받아들여 줄지 확신하지 못했다. 캄퍼 교수에게 나는 그저 유창하게 독일어를 구사하지 못하는 무수히 많은 동양인 학생 중의 한 명일 것이라는 추측 때문이었다. 나는 나를 과장되게 소개할 수 있는 내용으로 가득 찬 말들을 준비해 갔다. 하지만 캄퍼 교수는 정작 신상에 대한 어떤 질문도 던지지 않았다. 그는 내가 우편으로 보낸 연구계획서를 아주 흥미롭게 읽었다고 말하며 가능한 빨리 베를린으로 이주하기를 권유했다.

그렇게 나는 베를린으로 이주했고, 베를린에서 아도르노와 호르크하이머가 그랬던 것처럼 망명생활을 시작했다. 베를린으로 이주했을 때, 메트폴리스 베를린에는 나와 개인적으로 친분을 나누는 사람은 아무도 없었다. 햇볕도 잘 들지 않는 베를린 샬로텐부르크(Challotenburg)의 4층 방에서 나는 논문을 쓰기 시작했고, 베딩(Wedding)의 마틴 오피츠 거리(Martin Opitz Strasse)에서 논문을 끝냈다. 나는 베를린에서 철저한 망명객이었으나 전혀 외롭지 않았다. 캄퍼 교수가 나에게 충고했던 것처럼 나는 아도르노에 관한 논문을 쓰지 않았고, 아도르노와 함께 생각하며 논문을 작성했기에 베를린에서 나는 홀로 살지 않았다. 내 집에는 항상 아도르노가 있었다.

『계몽의 변증법』을 통해 나는 학문 탐구와 삶의 고통의 해명이 다르지 않음을 배웠다. 근대 학문의 비극은 삶의 고통에 대한 이해와 학문적 호기심의 분리에서 발생했음도 알았다.
『계몽의 변증법』은 그때까지 분리되어 있던 개체로서의 삶
의 번민과 학문적 고민은 결코 분리될 수 없음을 깨닫게 해
주었다. 이렇게 『계몽의 변증법』은 나의 삶을 바꾸어 놓았다.

20세기의 고전이자 21세기의 책, 『계몽의 변증법』

　『계몽의 변증법』은 20세기에 대한 자기반성으로 씌어진 책이다. 이 책은 20세기의 역사적 경험을 바탕으로 서술되었으면서도, 20세기로부터 출발하여 서양문명의 근원으로까지 파고든다. 『계몽의 변증법』은 마르크스를 비롯한 쇼펜하우어(Schopenhauer), 니체(Nietzsche), 딜타이(Dilthey), 프로이트(Freud), 베르그송(Bergson), 베버(Weber), 벤야민(Benjamin) 등 서양 문명을 비판하는 학자들의 모티프에 대한 아도르노와 호르크하이머의 대화의 산물이다. 『계몽의 변증법』의 저자는 아도르노와 호르크하이머이지만, 이 책에는 많은 20세기 사상가들의 숨결이 담겨 있다.

　『계몽의 변증법』에서 탈마르크스주의적 뉘앙스를 찾기는

어렵지 않다. 저자들은 소비에트 공화국에서 자본과 임금노동의 분리가 제거되었음에도 불구하고, '억압'이 사라지지 않았다는 사실에 주목한다. 아도르노와 호르크하이머는 임금 노동의 지양이 비록 인간적인 사회 조직을 위한 필요조건이기는 하지만 충분조건은 아니라고 생각했다. 계급은 철폐했지만, '억압'을 근절하지 못한 소비에트 공화국에 대한 환멸, 혁명성을 상실한 서구의 노동자 계급에 대한 실망, 문화산업이 발휘하는 괴력에 대한 경악 등은 이들로 하여금 정통 마르크스주의로부터 발길을 돌리게 하였다. 토대/상부구조의 관계에 대한 재해석, 문화에 대한 주목, 강령으로서의 공산주의에 대한 거부, 계급투쟁의 자리를 대신하는 인간과 자연의 대립관계에 대한 성찰이라는 측면에만 주목하면 『계몽의 변증법』은 마르크스를 넘어서려는 신좌파의 저서인 듯한 인상을 풍긴다. 하지만 『계몽의 변증법』의 진정한 목표는 마르크스주의 비판 그 이상이다.

저자들은 마르크스주의 이론의 주춧돌인 계급갈등보다 인간과 자연(내부와 외부)의 대립에 주목한다. 이들은 지배는 점점 비경제적 형태를 취하고 있다고 파악했기에 경제분석뿐만 아니라 문화비판의 필요성을 인식했다. 그렇기에 저자들은 마르크스주의를 연상시키는 용어들을 여전히 사용하고 있지만(예를 들어 교환원칙), 더 이상 사회의 물질적 하부구조에서 상부구조의 해결방안을 찾으려 하지 않았다. 저자들의 분석방법은 마르크스의 『자본론』보다는 니체의 『도덕의 계보』를 연상시킨다. 저자들은 마르크스주의 이론과 거리를 둘 뿐만 아니라, 마르크스의 사상 자체도 계몽의 원리에 포획되어 있다고 파악한다. 저자들이 보기에 세상에 널리 퍼져 있는 부자유와 불평등의 근거는 계급적 지배관계의 유지로 환원될 수 없고, 억압은 보다 깊은 근원을 지니고 있다. 이미 호르크하이머는 인간의 자기실현으로서의 노동을 강조하는 마르크스에 대한 의문을 초창기 저작인 『여명』에서 제시하고 있다. 호르크하이머는 인간을 '노동하는 동물'로 환원시키는 마르크스주의적 입장에는 자연을 인간착취의 영역으로 물화시키는 경향이 깔려 있다고 비판하였다.

저자들은 마르크스보다 근본적인 비판을 꾀한다. 그들은 계몽의 원리에 근거한 모든 전통을 비판한다. 저자들은 막스 베버가 '탈신화화(Die Entzauberung der Welt)'라 명명했던 인간해방의 탈신화화 과정을 비판하려 한다. 이러한 점에서 저자들은 루카치(Lukacs)가 『역사와 계급의식 Geschichte und Klassenbewusstsein』에서 베버의 합리화 개념과 물상화 개념을 결합시켰던 방식을 따르고 있다.

저자들이 보기에 사회주의는 합리적인 형태의 사회가 언젠가 실현될 수 있다는 낙관주의에 기초하고 있다. 아도르노와 호르크하이머는 이러한 역사유물론적 해석의 낙관주의는 계몽의 원리로부터 유래한다고 확신한다. 마르크스주의는 계몽주의 철학의 견해, 즉 보다 나은 정보를 통하여 비판적 사고와 자율적 행위가 점점 더 많은 사람들에 의해 증진됨으로써 마침내 이데올로기적 억압과 경제적 억압이 제거될 수 있으리라는 견해를 물려받았고, 따라서 계몽의 원리가 낳은 또 다른 아들이라는 견해이다.

계몽주의 철학은 모든 시민이 법 앞에서 평등한, 자유롭고 정의로운 사회의 이상을 옹호하였다. 이성과 합리주의를 내세우는 계몽주의 철학은 반봉건주의라는 혁명적 성격을 지닌 이념이었다. 하지만 20세기에 접어들면서, 계몽주의 철학의 이성과 합리주의의 진보성은 퇴색하기 시작했다. 1차 세계대전 발발은 반봉건 부르주아 혁명을 이끌었던 이성과 합리성의 진보적 의미에 대한 지식인들의 회의를 불러일으키기에 충분했다.

20세기에 나타난 이러한 상황에 대해 아도르노와 호르크하이머의 『계몽의 변증법』은 마르크스 이후 포괄적인 사회비판, 문화비판, 과학비판 속에서 이러한 변화된 통찰을 고려한 최초의 철학이다. 『계몽의 변증법』은 한편으로 20세기에 대한 사회비판이다. 『계몽의 변증법』은 스탈린주의적 사회개조에 대해서도, 부르주아적 계몽주의의 지속에 대해서도 비판적이다. 저자들은 스탈린주의적 사회개조와 부르주아적 질서의 지속을 주장하는 세력에게도 모두 비판적이었다. 또한 『계몽의 변증법』은 20세기의 문화에 대한 비판이며, 더 나아가 20세기의 과학주의에 대한 비판이다. 계몽주의의 아들인 과학주의는 과학의 발전을 인간사회의 정치적·경제적 재앙을 막을 수 있는 구세주라 찬양했다. 하지만 아도르노와 호르크하이머에 의하면 과학은 진보의 수단이 아니라, 지배의 도구로 전락했다. 이 책에는 20세기와 대결하고, 20세기를 비판적으로 독해하려 했던 아도르노와 호르크하이머의 노력이 고스란히 담겨 있다. 하지만 이 책이 20세기에 대한 비판서라 할지라도, 이 책이 '현재성'을 지니지 못한다면, 21세기에 우리가 이 책을 읽을 필요성은 없을 것이다.

모든 책은 역사적 한계를 지닌다. 하지만 역사를 초월하는 '고전'이라는 형이상학적 색채가 강한 표현이 거북하다 하더라도, '역사성'을 넘어서는 저서들이 있다. 『계몽의 변증법』이 바로 그러한 경우에 해당된다. '역사성'을 뛰어 넘는다는 것은, 이 책이 초역사적으로 타당한 테제들을 제시하고 있기 때문은 아니다. 이 책의 '현재성'을 그렇게 파악한다면, 그것은 시간과 공간을 초월하여 플라톤을 우리 시대를 성찰하기 위해 재료로 사용하고, 플라톤의 테제를 우리가 살고 있는 '지금', '여기'에 적용시킬 때 범하는 어리석음의 반복에 불과하다. 이 책이 '현재성'을 지니는 것은 테제의 고전적 향기 때문이 아니라, 이 책을 탄생시켰던 20세기의 역사성, 즉 저자들이 현대적 야만이라 불렀던 계몽의 원리로부터 우리가 여전히 자유롭지 못하기 때문이다. 마르크스의 『자본론』이 자본주의의 종말과 함께 수명을 다하듯, 이 책은 '계몽의 변증법'이 정지될 때 '현재성'을 박탈당할 것이다.

1969년 『계몽의 변증법』 재판이 출판될 때 저자들은 이 책이 재출판되어야 하는 이유를 새로운 서문에서 이렇게 밝혔다. "『계몽의 변증법』의 초판은 1947년 암스테르담의 퀘리도에서 출판되었다. 이 책은 서서히 알려지게 되었는데, 현재는 상당 기간 절판 상태에 있다. 20년이 지난 지금 재출판을 결심하게 된 것은 수많은 요청에 답하기 위해서뿐만 아니라 이 책의 적지 않은 생각들이 오늘날에도 유효하며, 그 후에 나온 우리의 이론적 노력에 이 책이 지대한 영향을 끼쳤다는 믿음 때문이다."(9) 1969년 저자들이 "이 책의 적지 않은 생각들이 오늘날에도 유효"하다는 판단은 2005년 이 책에 관한 해설서가 여전히 필요한 이유와도 같다. 하지만 저자들은 재판 서문에서 이 책의 운명에 대해 분명히 말하고 있다. "책 속에서 말한 모든 내용을 오늘날도 아무 수정 없이 붙들고 있는 것은 아니다. 그런 태도는 진리를 역사적 운동에 대치되는 어떤 불변적인 것으로 여기는 것이 아니라 진리에 역사성을 부여하는 이론에서는 있을 수 없다."(9) 재판 서문에서 저자들이 말하는 것처럼, 저자들은 이 책의 진리에 스스로 '역사성'을 부여하고 있다. 저자들은 이 책의 진리가 '역사성'에 굴복하기를 원했지만, '죽음'의 순간은 아직 도래하지 못했다. 나 또한 이 책이 여전히 살아 있음을 안타깝게 여긴다. 이 책은 죽어야 한다.

자신의 죽음을 통해 자신을 완성하는 경우가 있다. 『계몽의 변증법』은 이러한 운명에 얽혀 있다. 『계몽의 변증법』이 '현재성'을 지니는 순간만큼, 인류는 저자들이 공격했던 현대의 야만에서 벗어나지 못할 것이다. 현대의 야만이 종식되는 순간 이 책은 수명을 다할 것이며, 이 순간 이후 인류는 이 책의 저자를 잊을 것이다. 저자들이 후세대들에게 기대하는 바는, 여전히 지속되는 자신들의 저서의 '현재성'으로 인한 저자로서의 명망성 유지가 아니라, 저자들의 테제가 '옛날 옛적 이야기'가 되어 후세대가 더 이상 자신들의 이름을 기억하지 못하는 순간일 것이다. 이 순간 인류는 저자들을 쌀쌀맞게 대하겠지만, 저자들은 쌀쌀맞은 인류의 표정 앞에서 행복한 웃음을 보일지 모른다.

이 책은 앞서 살았던 저자들이 후세에 보내는 '병 속의 편지(Flaschenpost)'이다. 지금 『계몽의 변증법』을 읽는 우리들은 저자들이 1947년에 인류에게 보냈던 '병 속의 편지'를 우연히 손에 쥐게 된 이름 모를 수신자이다. 수신자인 우리들은 '병 속의 편지'를 읽으면서 판단해야 한다. 그 편지를 또 누군지 모를 수신자에게 띄워 보낼 것인가? 아니면 그 편지를 박물관으로 보낼 것인가? 그것은 우리가 판단하게 될 이 책의 '역사성'과 '현재성'의 변증법에 달려 있다. 이 책이 여전히 '현재성'을 지닌다면, 우리는 그 편지를 읽은 후에 다시 병에 담아 또 다른 수신자를 향해 그 편지가 흘러가도록 해야 할 것이다. 만약 그 편지가 '역사적' 문서에 불과하다면, 그 편지는 박물관에 보내야 할 것이다. 그 판단은 우리의 몫이다.

저자들은 이 책을 단순한 학문적 호기심에서 작성하지 않았다. 저자들이 이 책을 쓰도록 만든 것은 20세기이다. 20세기는 저자들에게 풀어야 하는 가장 큰 수수께끼였다. 따라서 이 책을 읽는 독자들은 저자들에게 『계몽의 변증법』을 쓰라고 명령했던 20세기의 기원과 20세기에 새겨진 야만, 그리고 그러한 20세기가 새겨져 있는 저자들의 삶을 먼저 살펴보아야 할 것이다.

2장

현대적 야만의 역사와
『계몽의 변증법』의 탄생

뒤늦은 국민국가 형성과 바이마르 공화국

저자들은 보통 이론적 동기나 외부의 강한 충격 때문에 저술을 결심한다. 『계몽의 변증법』은 후자의 경우에 속한다. 현대적 야만은 아도르노와 호르크하이머에게 이 책을 쓰도록 만들었다. 그들은 이 책을 서술하면서 현대적 야만과 비판적 대결을 시작했고, 서술과정에서 그들의 학문적 운명 또한 변화했다. 현대적 야만의 뿌리는 뒤늦은 국민국가 형성으로 인한 독일의 집합적 열패감에 기인한다.

16세기와 17세기 초 대부분의 유럽 지역에서는 근대적 의미의 국민국가들이 등장하고 있었다. 튜더 왕조의 영국, 광대한 해외 식민지를 거느린 스페인과 포르투갈, 루이 14세가 지배하는 프랑스, 스웨덴 등이 국민국가의 전형적인 예였다. 하지만 신성로마제국이라는 이름으로 불렸던 독일은 오랫동안 퍼즐 조각을 붙여 놓은 것처럼 여러 지역으로 나뉘어 있었다. 신성로마제국에는 인종적·언어적·문화적으로 다양한 이질적인 요소들이 공존해 있었다. 1871년 비스마르크(Bismarck)가 이끄는 프로이센(Preussen)의 주도 하에 독일 제국이 선포될 때까지 국민국가로서의 독일은 없었다.

신교와 구교의 싸움이 절정이었던 30년 전쟁 이후, 독일은 각자의 이익을 추구하는 수백 개의 작은 나라로 분리되었다. 30년 전쟁은 마침내 베스트팔렌(Westfalen) 조약과 함께 끝났다. 30년 전쟁과 베스트팔렌 조약은 유럽에 큰 변화를 가져왔다. 베스트팔렌 조약 이후 독일의 수많은 군주들은 프랑스의 태양왕 루이 14세의 절대주의 체제를 모방하여 상비군과 관료주의 체제를 구축해 나가기 시작했다. 호엔졸레른(Hohenzollern) 왕가의 프로이센과 합스부르크 왕가의 오스트리아가 이러한 독일 내부의 경쟁을 주도했다. 프로이센은 작은 나라에 불과하였다. 하지만 프로이센에서는 다른 국가와 달리 종교의 자유가 상대적으로 보장되었다. 종교의 자유로 인해 작은 국가에 불과했던 프로이센은 점차 성장하여, 독일 내에서 지배적인 국가로까지 성장하였다.

프리드리히 대제 재임 동안 프로이센은 국가의 굳건한 틀을 구축했다. 프로이센에서 국가는 언제나 제일 중요했고, 왕은 국가를 위한 제일의 신하였다. 귀족은 군대를 지휘하고 양성하는 책임을 맡았다. 귀족들은 국가의 가장 높은 공무원의 지위를 가진 것과 같았다. 프로이센에서는 제일 작은 존재로부터 가장 높은 왕에 이르기까지, 그 나라에 있는 모든 사람에게 요구되는 가장 중요한 계명은 의무의 완수(Pflichterfüllung)였다.

1804년 프랑스에서 나폴레옹이 황제에 등극하자, 유럽의 질서는 다시 동요하기 시작했다. 1806년 나폴레옹은 라인동맹을 결성하여, 독일을 재편성하고 독일을 프랑스의 지배 하에 두었다. 1806년 8월 신성로마제국의 마지막 황제 프란츠 2세가 신성로마제국의 해체를 마침내 선언하고, 자신은 오스트리아 황제로 물러섰다. 독일의 주도권을 잡으려는 프로이센에게 라인동맹의 결성과 신성로마제국의 해체는 오히려 기회였다.

프랑스 혁명 이후 나폴레옹이 이끄는 프랑스는 혁명의 이념을 유럽에 전파한다는 구실로 유럽 정복에 나섰다. 1806년 10월 나폴레옹은 예나(Jena)에서 프로이센을 격파하였다. 하지만 나폴레옹의 러시아 공격은 1812년 겨울 전투에서 실패로 돌아갔다. 나폴레옹의 프로이센 침공은 프로이센을 단결시키는 기회가 되었다. 예나 전투 패배 이후 민족정신이 크게 고양되자, 프로이센에서는 학생들을 중심으로 애국단체들이 스스로 의용군을 조직하여 반나폴레옹 전투에 참여하였다. 1813년 10월 프로이센 동맹군과 나폴레옹 군대 사이의 접전이 벌어졌고, 프로이센 군대는 1813년 라이프치히 전투에서 프랑스군을 섬멸시켰다. 동맹군은 프랑스군을 추격하여, 1814년 3월에는 파리를 점령했다.

1848년 프랑스의 2월 혁명의 여파는 독일로 전파되어 독일에서도 3월 혁명이 발발했고, 프랑크푸르트의 파울교회에서 열린 국민의회(Nationalversammlung)를 통해 독일제국(Deutsches Reich)이 탄생하였다. 국민의회의 쟁점은 어떤 독일제국을 구성할 것인가였다. 첫 번째로 대독일(Groβ Deutschland) 안이 있었다. 합스부르크의 황제를 수장으로 하는 오스트리아를 포함하여 독일의 모든 지역을 하나의 국가로 포괄하자는 안이다. 두 번째는 오스트리아와 그 소속지역을 제외한 나머지 독일 국가들을 통일하여 호엔졸레른가의 황제를 수장으로 삼자는 소독일(Kleindeutschland)안이었다.

1849년 3월 28일 프로이센의 왕을 새 제국의 황제로 추대하는 소독일안이 채택되었고, 1862년 비스마르크가 프로이센의 수상에 취임하였다. 비스마르크는 취임연설에서 "시대의 큰 문제들은 연설과 다수결에 의해서가 아니라, 철과 피에 의해 결정되는 것이다"라는 유명한 말을 남겼다. 비스마르크가 이끄는 프로이센은 독일 통일을 위해 확장을 계속해 갔고, 프랑스와 마찰이 벌어짐에 따라 1870년 독불전쟁이 발발하였다. 1870~1871년에 프랑스와 프로이센의 전투에서 비스마르크가 이끄는 프로이센은 대승을 거두었고, 1871년 1월 18일 프로이센의 왕 빌헬름 1세는 베르사유 궁전에서 황제임을 선포했다. 이로써 프로이센이 주도하는 독일제국(das Deutsche Reich 신성로마제국은 제1제국, 독일제국은 제2제국)이 탄생하였다. 독일제국의 탄생과 함께 독일은 유럽 국가들이 이미 걷고 있던 국민국가의 대열에 뒤늦게 합류했다. 뒤늦은 국민국가 독일제국의 형성은 이후 '독일 문제'의 씨앗이 되었다. 독일제국은 오스트리아가 제외됨으로써 불완전한 것이었지만, 독일제국의 탄생은 독일 역사의 절정이었다. 이후 '독일 문제'는 독일적 정체성의 문제가 되었고, 독일적 정체성의 문제는 뒷날 나치 독일을 낳는 문화적 맥락이었다.

1914년부터 1918년까지 진행되었던 제1차 세계대전은 독일제국의 전환점이었다. 제1차 세계대전이 끝난 후 체결된 베르사유 조약에 의해, 베르사유에서 탄생했던 독일제국은 사망선고를 받았다. 1919년 5월 7일 독일 대표단에게 전달된 베르사유 조약의 최종안은 충격적이었다. 독일은 영토의 14%를 내주어야 했다. 독일제국의 영토 중 서프로이센은 폴란드로, 알사스 로렌은 프랑스에게 할양되었다. 해외에 투자한 자금과 특권을 모두 상실했다. 전쟁 배상금으로 독일제국은 10년 동안 석탄 생산량의 60%, 상선의 90%, 대부분의 기차 내연기관, 철도 차량, 젖소의 절반, 화학제품과 의약품의

25% 가량을 양도해야 했다. 또한 독일 군대는 육군 1만 명과 해군 1만5천 명으로 제한되었으며, 탱크, 비행기, 잠수함과 독가스 보유가 금지되었다.

하지만 제1차 세계대전 패전국 독일은 베르사유 조약 이후, 황제국가에서 공화국으로 변모하는 기회를 맞이했다. 독일제국은 이른바 바이마르 공화국(Weimarer Republik)으로 변화되었다. 바이마르 공화국이라는 명칭은 바이마르에서 소집된 국민의회에서 채택된 새로운 헌법에서 유래했다. 1919년 1월 19일의 총선거에서 사회민주당, 민주당, 중앙당의 연합이 대승을 거두고, 프리드리히 에버트(Friedrich Ebert)가 대통령으로 임명되고 샤이데만이 총리로 임명된 연립내각이 구성되었으며, 8월 11일 바이마르 헌법, 즉 독일 민주공화국 헌법이 반포됨에 따라 이른바 바이마르 공화국이 시작되었다. 바이마르 공화국은 제1차 세계대전의 참패와 그 후 사회주의 혁명의 여파로 일어난 독일 혁명의 혼란 속에서 '사생아' 처럼 태어났다.

바이마르 공화국은 처음부터 광범한 민중의 지지기반을 얻는 데 실패했다. 독일에서 처음으로 등장한 공화국은 아래로부터의 민주주의 혁명에 의해 성취되지 않았고, 국가의 위로부터의 개혁의지의 산물도 아닌, 세계대전 패배에 따른 응급조치였다. 바이마르 공화국은 정치적으로 매우 불안정했다. 바이마르 공화국은 공화국주의자가 없는 공화국이었다. 좌파와 우파 모두 바이마르 공화국에 대해 부정적이었다. 좌파는 의회제 공화국이 아니라, 소비에트 체제를 지지하였고, 우파는 군주국가로의 복귀를 주장하였다. 좌파는 국제주의를 지향했지만, 우파는 민족주의적 선동을 계속했다. 극우파는 좌파 진영의 에르츠베르거(Matthias Erzberger)를 공격 대상으로 삼았다.

에르츠베르거는 그를 "정치와 금전욕의 불결한 혼합물"이라 비난한 국가인민당의 간부 헬페리히(K. Helfferich)를 명예훼손 혐의로 고소했지만, 재판은 오히려 헬페리히의 편을 들어 주었다. 에르츠베르거 재판은 바이마르 공화국의 악명 높은 정치재판의 하나로, 이 재판의 재판관들은 노골적으로 독일제국 시대의 가치관과 보수적 이데올로기를 신봉하고 있었다. 재판관들은 근본적으로 바이마르 공화국을 부정했다. 재판을 통해 오히려 재판관들은 바이마르 공화국에 대한 혐오를 표시하였다.

경제 상황은 좌파와 우파에게 모두 좋은 선전거리였다. 우파는 경제 상황을 근거로 민족주의를 부추겼고, 좌파는 경제 몰락은 자본주의의 실패라 주장했다. 우익은 "오늘은 독일이 우리의 것이지만 내일은 전 세계가 우리의 것이다!(Denn heute gehört uns Deutschland und morgen die ganze Welt!)"라는 구호를, 좌파는 "공화국은 대단한 것이 아니다. 사회주의가 우리의 목표이다(Republik − das ist nicht, viel Sozialismus unser Ziel)"를 내세웠다.

바이마르 공화국은 초기부터 정치적으로 불안했으나 이 시기에 문화적 황금의 20년대(Goldene Zwanziger Jahre)가 시작되었다. 1920년대의 독일은 비교할 수 없을 정도로 문화적으로 생산적인 기간이었다. 1920년대 베를린은 유럽에서 파리와 함께 유럽의 문화도시로 재탄생하였다. 1920년대는 베를린 시대였다. 베를린은 당시 세계에서 런던과 뉴욕에 이어 세 번째로 큰 도시였으며, 세계 최고의 문화시설을 자랑했다. 베를린은 세계에서 가장 많은 신문이 발행되는 도시였으며, 최고의 전화통화량을 자랑하는 첨단 도시였다. 베를린에서는 새로운 실험이 계속되었다. 1920년대는 바우하우스(Bauhaus) 의 시대였으며, 전통적인 예술과 문학에 대한 다다이스트(Dadaist)들의 통렬한 비판과 풍자의 시기였다. 12음계 음악의 시대가 열렸고, 토마스 만(Thomas Mann), 베르톨트 브레히트(Bertolt Brecht), 헤르만 헤세(Hermann Hesse)와 같은 위대한 작가들이 활동한 시기였다. 독일 영화는 세계 최고 수준이었고, 연극무대와 카바레는 정치적인 주제들을 다루는 다양한 실험이 이뤄지는 장소였다.

나치 독일과 현대적 야만의 시작

　문화적으로 1920년대가 황금의 시기이지만, 이른바 황금의 20년대를 칭송할 수만은 없다. 왜냐하면 1920년대를 통해 인류 역사상 유례를 찾아볼 수 없었던 현대적 야만의 상징인 나치가 성장했기 때문이다. 바이마르 공화국의 정치적 불안은 초창기부터 있어 왔다. 1920년 3월 13일 베를린에서는 바이마르 공화국을 전복하려는, 군부의 우익에 의한 쿠데타가 일어났다. 바이에른의 뮌헨에서는 급격한 우경화 현상이 벌어졌다. 정치적 불안정과 함께 독일 경제 또한 위기에 봉착했다. 독일인들에게 1922년부터 1923년의 겨울은 견디기 힘든 고난의 해였다. 지불 능력을 넘어서는 과도한 전쟁 배상금 요청으로 중앙정부는 재정파탄에 빠졌고, 급기야 모라토리움을 요청했다.

하지만 프랑스는 1923년 1월 11일 루르(Ruhr) 지대를 점령해, 모라토리움 요청에 대한 제재조치로 루르의 석탄을 프랑스로 실어 날랐다. 국가의 재정위기로 인해 인플레이션이 가중되었고, 실업자가 늘어났다. 살인적 인플레이션이 계속되면서, 독일의 중산계급은 몰락했다. 인플레이션은 독일 내의 부익부 빈익빈 현상을 가속화시켰다. 동시에 인플레이션으로 인해 이익을 얻은 자와 피해자 사이에 사회적 대립이 생겨났다. 하층 노동자 계급과 경제 위기로 몰락한 중산층들은 제정독일을 그리워하는 보수주의적 성향을 보여 주었다. 보수주의적 성향은 특히 독일 남부의 바이에른 지방에서 심했다. 바이에른은 베를린 정부를 전복하고 내정을 국수주의적으로 개혁한 후 프랑스와 해방전쟁을 벌여야 한다는 정치군인들의 근거지였다. 국가사회주의 독일노동당(나치당)은 이러한 분위기에서 탄생했다.

1889년 오스트리아의 국경 마을 브라우나우(Braunau)에서 태어난 히틀러는 청년시절 떠돌이 화가에 불과했다. 히틀러는 당시 오스트리아 제국이 직면한 복잡한 정세와 사회상황을 체험하면서, 유대인에 대한 증오를 키워 갔다. 『나의 투쟁 Mein Kampf』에서 히틀러는 유대인에 대한 증오를 이렇게 표현하고 있다. "내가 이 도시에 오래 살면 살수록 이 오랜 독일 문화의 땅을 짓밟고 있는 이민족의 혼용에 대한 증오심이 점점 더 높아졌다. …… 그리고 무엇보다 인류의 영원한 박테리아는 불쾌하다. 그 박테리아는 유대인, 오직 유대인이다." 히틀러는 그가 느끼는 모든 사회악의 근원이 유대인으로부터 유래한다고 생각했다. 히틀러에게 반유대주의는 정당한 철학이었다.

왜냐하면 히틀러는 유대인에 대해 이런 표상을 갖고 있었다. "유대인들은 표면적으로 시오니스트와 이에 반대 입장을 취하는 자유주의자로 분열되어 있으나, 실상 이들은 단일한 시오니즘의 전선을 구축하고 있다. 도덕적으로 부정한 일, 파렴치한 일에 유대인들이 관여하는 경우가 많다. 특히 매춘업의 지배인은 대부분 유대인들이다. 그들은 시체 속에 우글거리는 벌레와 같은 존재이다. 노상에서 불결하고 더러운 복장으로 떼지어 다니는 동방의 유대인들에 대해 혐오감을 느낀다. 신문, 예술, 문학, 연극에 대한 유대인의 지배가 문제이다."

1922년 6,000여 명에 불과했던 나치 당원 수는 23년에 15,000명으로 늘어났다. 히틀러는 1923년 뮌헨의 맥줏집 뷔르거 브로이켈러(Bürger Broikeller)에서 바이에른의 정치인, 관료, 학자, 경제계의 지도자들의 모임을 이용해서 폭동을 계획했다. 모임이 절정에 달했을 때, 무장한 돌격대와 함께 나타난 히틀러는 '국민혁명'이 일어났음을 선포하고 쿠데타를 시도했으나, 히틀러의 뮌헨 폭동은 하룻밤에 끝이 났다. 이 사건으로 히틀러는 체포되었고, 히틀러의 정치적 생명은 끝나는 것처럼 보였다. 하지만 바이에른에는 베를린의 바이마르 공화국을 우습게 아는 사회적 분위기가 팽배했기에, 히틀러의 사건은 이러한 바이에른의 분위기를 보여 주는 하나의 해프닝으로만 해석되었다. 이 사건으로 히틀러가 감옥에 갇히자, 뮌헨의 보수적인 시민들은 히틀러에게 차입금을 넣어 주었다. 뮌헨에서 히틀러는 애국지사로 통했다.

1924년 12월 20일 히틀러는 새롭게 시작했다. 그는 뮌헨 폭동 실패를 교훈으로 삼아 나치당을 새롭게 건설했다. 그는 과거의 무장 폭동전술을 포기하고 합법적 정당을 통한 집권 전술을 채택했다. 나치당이 합법적으로 권력을 장악하기 위해서는, 무엇보다 바이에른의 지역 정당에 불과했던 나치당의 전국화·대중화가 시급했다. 히틀러는 다양한 상징을 통해 애국주의를 고취하고, 바이마르 공화국의 정치적 혼란과 무질서 속에서 강력한 지도자를 기다리던 독일 국민들에게 새로운 강력한 지도자의 이미지를 창출하면서 나치당의 전국정당화를 성공적으로 이끌었다.

1929년부터 시작된 경제위기는 황금의 20년대의 종말의 서곡이자, 현대적 야만인 국가 사회주의(Nationalsozialismus)의 탄생을 알리는 서막이었다. 1925년 2월 27일 나치당은 재건되었다. 당의 재건 이후 최초로 나치당이 참가한 선거인 1928년의 국회선거에서 나치당은 전 투표수의 2.6%만을 획득했다. 나치당은 여전히 군소정당이었다. 하지만 1928년 나치당의 뉘른베르크 정당대회는 나치당의 뛰어난 대중장악술을 보여 주는 사건이었다. 뉘른베르크 당 대회에는 무려 20만 명의 지지자가 운집하였고, 히틀러는 2만여 명의 돌격대의 사열을 받았다. 1930년의 선거에서 국가 사회주의 독일노동당은 엄청난 선전을 했다. 나치당은 18.3%의 표를 얻어 의석 17석의 군소정당에서 107석을 차지하는 대규모 정당으로 성장했다. 1932년 선거에서 나치는 230석을 획득해 최대 정당이 되었다. 마침내 1933년 1월 30일 당시 제국 대통령이던 파울 폰 힌덴부르크(Paul von Hindenbrug)는 히틀러를 제국수상(Reichskanzler)으로 임명하였다.

이로써 바이마르 공화국은 독재국가로 변모했다. 1933년 2월 1일 힌덴부르크 대통령은 의회를 해산하겠다는 히틀러의 요구를 받아들였다. 2월 4일부터 시행에 들어간 '독일국민보호법'에 의해 정부는 "허위 사실을 유포"하거나 "국가의 안보를 위협"한다는 이유로 모든 정적들을 제거할 수 있는 힘을 갖게 되었다. 히틀러는 마침내 3월 23일 이른바 '수권법(Ermachtungsgesetz)'을 통과시켜, 헌법개정권을 포함한 입법권을 장악하였다. 1933년 6월 22일 독일사회민주당은 법으로 금지되었고, 7월 14일 나치당은 독일의 유일한 합법적 정당으로 선포되었다. 1933년 4월 1일 나치 정부는 독일의 모든 유대인 상점에 대한 불매 운동을 전개하였고, 4월 7일 공무원 재임용법에 따라 유대인 공무원들은 해고되었다. 5월 10일 독일이 지향하는 가치에 적합하지 않다는 이유로 하이네, 프로이트, 하인리히 만 등의 저서를 불태웠다. 선전장관 괴벨스는 라디오 방송국을 장악했다. 중앙과 지방의 언론사들은 엄격한 통제를 받기 시작했고 신문들이 폐간되었다.

1934년 8월 2일 힌덴부르크가 사망하자 히틀러는 제국대통령과 수상 자리를 통합하여 자신을 독일 민족의 영도자(Führer)라고 칭했다. 그는 동시에 최고의 입법권자요, 사법권자였다. 1935년 9월 뉘른베르크에서 열린 전당대회에서 '유대인 처리를 위한 법률'이 선포되었다. 이 뉘른베르크 법에 따르면 독일 국민이나 유사한 혈통을 지닌 사람은 유대인과 결혼할 수 없었다. 유대인들은 아리아인 가정부를 고용할 수 없었고, 독일 국기를 내걸 수도 없었으며 완전한 시민의 권리를 누릴 수 없었다. 이 법안은 한 명 이상의 (외)조부모가 유대인이면 유대인으로 간주하여 유대인으로 판명된 사람들의 시민권을 박탈했다.

1936년 나치는 베를린 올림픽을 나치의 선전 무대로 성공적으로 활용했다. 1936년 히틀러는 무솔리니가 이끄는 이탈리아 파시스트들과 연맹을 결성하고, 일본과 반공산주의 조약을 체결하였다. 1938년 3월 12일 히틀러 군대는 국경을 통과해 오스트리아로 진입했고, 오스트리아 인들은 히틀러를 열렬히 환영했다. 3월 13일 히틀러는 오스트리아와 독일의 합병을 선포했다. 1938년 유대인 탄압은 극에 달했다. 파리 주재 독일대사관 서기가 유대인에게 학살된 사건을 계기로 이른바 수정의 밤(Kristallnacht 1938년 11월 9일, 10일)에 독일 내 유대인 교회당, 상점, 집, 공동묘지에 대한 습격이 시작되었다. 1938년부터 모든 유대인은 유대인이라는 표지를 달아야 했다. 1939년부터 유대인 강제수용이 시작되었다.

1939년 9월 3일 히틀러의 제3제국이 폴란드를 점령하여 독일 동부의 영토를 넓히려고 하자, 영국과 프랑스는 1939년 9월 3일 독일에 선전포고를 하였다. 제2차 세계대전이 발발하자 독일은 곳곳에서 승리를 거두었다. 유럽의 전 지역이 나치스의 지배 하에 놓이게 되었다. 강제수용소(Konzentrationslager)에서 유태인은 대량 학살되었다. 1942년 스탈린그라드 전투에서 독일 군대가 패전하고, 미국과 영국이 서부전선에 투입되면서 이탈리아는 1943년 항복하고, 1945년 독일은 동쪽의 소련군과 서쪽의 서방연합군에 의해 점령당하면서 제2차 세계대전 종결과 함께 나치 독일은 종식되었다. 『계몽의 변증법』은 뒤늦은 국민국가 형성으로 인한 집합적 열패감, 그 열패감을 팽창적 애국주의로 활용하려는 프로이센의 탄생, 히틀러 집권에 의한 바이마르 공화국의 붕괴, 홀로코스트의 악몽 등 독일 근대사에서 되풀이되고 있는 야만의 징후에 대한 천착으로부터 출현했다. 유대인 지식인 아도르노와 호르크하이머는 나치즘에서 정점에 달한 현대적 야만의 직접적 희생자였다. 현대적 야만은 그들에게 디아스포라를 강요했다.

현대적 야만과
디아스포라의 운명

아도르노 · 호르크하이머의 삶과 「사회연구소」

　「사회연구소(Institut für Sozialforschung)」가 없었다면 아도르노와 호르크하이머의 공동 저작은 없었을 것이다. 『계몽의 변증법』의 역사는 「사회연구소」의 역사와 동일하다. 「사회연구소」는 독일 근대사와 『계몽의 변증법』의 출현을 매개한다. 「사회연구소」의 역사는 독일 역사에 투영된 현대적 야만에 대한 비판을 구축하려는 지식인들의 역사이며, 『계몽의 변증법』은 「사회연구소」의 궤적이 텍스트로 드러난 구체적 예이다. 비판이론의 중심지 「사회연구소」는 독일제국을 계승한 바이마르 공화국의 운명을 공유했다. 「사회연구소」의 연구원들은 독일 근대사의 격변기에서, 20세기의 비판적 지식인들이 처했던 딜레마를 분명하게 보여 주고 있다. 폐쇄적인 철학체계에 대한 혐오로부터 출발하는 비판이론의 기본 지향점은 동일성을 강요하고, 내부와 외부 사이의 폐쇄적 체계를 설정하는 나치즘에 대한 비판과 궤를 같이 한다. 이처럼 아도르노와 호르크하이머의 이론은 현실과의 대화를 통해 이루어졌으며, 『계몽의 변증법』의 발생사는 현대적 야만과의 대결 결과이다. 『계몽의 변증법』은 나치즘의 대두와 더불어 아도르노와 호르크하이머가 미국으로 망명하지 않을 수 없었던 운명에서 유래했다. 역설적으로 아도르노와 호르크하이머가 비판했던 나치즘은, 아도르노와 호르크하이머가 공동저작 서술을 가능하게 한 외적 충격이었다.

한 학파의 역사 서술은 위험한 시도이다. 게다가 궤적을 쫓고 있는 학파가 스승과 제자의 관계를 기반으로 스승이 천명한 학문의 목표를 제자들이 이어받아 계속 발전시키는 과정을 통해 형성되지 않았을 경우에는 더더욱 위험하다. 우리는 관행적으로 '프랑크푸르트 학파'라고 말하지만, 그 학파는 다른 학파와는 구별되는 독특한 형성사를 보여 준다. 호르크하이머, 아도르노, 마르쿠제(Marcuse), 뢰벤탈(Löwenthal) 그리고 벤야민(Benjamin)과 같은 학자군을 부르기 위해 '프랑크푸르트 학파'라는 기호를 사용할 수 있다. 하지만 이 학자군을 구성하는 학자들의 독창성과 고유한 연구 영역의 다양성을 생각해 보면, 이들을 하나의 집합체로 파악하는 관행

마르크스주의 워크숍.

은 사실이라기보다 희망에 가깝다. 또한 '프랑크푸르트 학
파'에 속하는 학자들이 관여했던 「사회연구소」 역시 안정적
이고 지속적인 연구 공간이 아니었다. 「사회연구소」는 유태
인 디아스포라의 운명을 공유했다.

1914년에 창립된 프랑크푸르트 대학은 바이마르 공화국
수립 이전, 반프로이센 성향이 있었던 자유도시 프랑크푸르
트의 독특한 분위기 속에서 수립되었다. 프랑크푸르트는 이
미 1866년 자유도시로서 프로이센과 거리를 두고 있었다. 이
러한 도시에 대학이 생기는 것을 독일제국 정부는 달가워하
지 않았다. 프랑크푸르트 대학의 리버럴한 학풍은, 대학 창립
시 신학대학 대신 독일에서 최초로 경제학과와 사회학과가
창립되었다는 데에서 잘 나타난다.

「사회연구소」 설립의 기원은 1922년의 마르크스주의 워크숍

(marxistische Arbeitswoche)으로까지 거슬러 올라간다. 1923년 5월 20일 튀링겐(Türingen)에서 열린 이 워크숍에는 이후 서구 마르크스주의 역사에 굵직한 족적을 남긴 게오르크 루카치(Georg Lukacs), 칼 코르쉬(Karl Korsch), 칼 아우구스트 비트포겔(Karl August Wittfogel), 프리드리히 폴록 (Friedrich Pollock) 등이 참가하였다. 참가자들 중 「사회연구소」의 성격과 관련하여 우리의 주목을 끄는 인물은 프리드리히 폴록과 펠릭스 바일(Felix Weil)이다.

펠릭스 바일은 대부호의 아들이었다. 그의 아버지 헤르만 바일(Herman Weil)은 1890년에 아르헨티나로 이주하여 유럽과의 곡물 무역을 통해 거부가 되었다. 펠릭스 바일은 대학 시절부터 좌파 사상에 심취하였다. 폴록, 호르크하이머와 친교를 맺고 있던 펠릭스 바일은, 보수적인 독일의 대학 체제하에서 진보적인 학술 연구를 지속적으로 하기 위해서는 제도적 장치가 필요함을 깨달았다. 프랑크푸르트 학파는 설립 초기부터, 이론의 발전과 자율적인 사회연구를 위한 작업을 수행하기 위해서는 다른 곳에 예속되

「사회연구소」 1924~1933.

펠릭스 바일.

지 않는 독립이 필수적인 조건이라고 간주했다. 1920년에 프랑크푸르트에서 박사학위를 취득한 바일은 쿠르트 알베르트 게라흐(Kurt Albert Gerlach), 폴록, 그리고 호르크하이머와 함께 연구소의 계획을 구상하기 시작했다.

그는 거부인 아버지를 설득했다. 진보적이고 독립적인 좌파적 연구를 수행하기 위해서는 대학의 재정과는 상관없이 독립적으로 운영되는 연구단위가 필요했던 것이다. 펠릭스 바일은 그의 아버지를 설득하여 일 년에 12만 마르크에 해당하는 지원을 받기로 약속을 받아냈다. 이로써 훗날 프랑크푸르트 학파의 출현을 가능하게 한 「사회연구소」는 설립될 수 있었다. 1923년 3월 「사회연구소」 건물이 착공되었다. 정육면체의 5층 건물이었던 「사회연구소」에는 37석의 독서실, 16개의 작은 연구실, 1백 석 정도를 갖춘 세미나 실이 4개, 7만5천 권의 장서를 보관할 수 있는 도서관이 있었다. 「사회연구소」의 이러한 독립적인 물질적 시설보다 「사회연구소」의 참된 동력은 독립된 학문 연구를 추구하는 연구원들의 열정이었다. 「사회연구소」가 헌신적으로 추구하였던 작업은 그 당시 독일의 공식 교육체제와 비교해 볼 때 참신했다. 「사회연구소」는 보수적인 대학이 수행하지 못하는 연구를 연구소가 대신할 수 있음을 보여 주었다. 그들을 이렇게 결집시킨 원동력은 기존 사회에 대한 비판적 접근 방식이었다.

초대 소장으로 경제학자인 쿠르트 게라흐(Kurt Gerlach)가 내정되어 있었으나, 1922년 그가 갑자기 사망하게 됨에 따라 칼 그륀베르크가 초대 소장을 맡았다. 그륀베르크는 이른바 오스트리아 마르크스주의의 창시자로 알려진 인물이며, 힐퍼딩(Hilferding) 등의 제자를 거느린 명망 있는 학자였다. 1923년 연구소의 설립부터 1933년까지 「사회연구소」의 연구 방향은 경험주의적 색채가 강했다. 연구소의 초대 소장이었던 그륀베르크는 「사회연구소」를 마르크스주의의 역사유물론을 경험적이고 구체적으로 연구하는 중심지로 만들려 했다. 그는 소장으로 취임하면서, 오스트리아에 있던 사회주의와 노동운동에 관한 아카이브(Archive)를 프랑크푸르트로 옮겼다. 또 자본주의에서 사회주의로의 이행의 필연성을 믿고 있었으며, 사회주의로의 이행을 정치적 당 투쟁이 아닌 과학적 연구를 통해 촉진하려는 목적을 지니

초대소장 그륀베르크.

고 있었다.

그륀베르크 시절 「사회연구소」는 『사회연구지 *Zeitschrift für Sozialforschung*』의 전신이라고 할 수 있는 『그륀베르크 연보 *Grünberg Archivs*』를 발행했는데, 『그륀베르크 연보』에는 주로 마르크스주의 워크숍에 참가했던 사람들의 글이 수록되어 있다. 코르쉬의 「마르크스주의와 철학 *Marxismus und Philosophie*」, 루카치의 「모세스 헤스와 관념론적 변증법적 문제 *Moses Hess und die Probleme der idealistischen Dialektik*」와 같은 논문들이 대표적인 예이다. 그륀베르크 시절 「사회연구소」는 마르크스주의 이론을 경험적으로 연구함으로써 마르크스주의의 혁신에 기여하려 하였다. 비트포겔(Wittvogel)의 「중국에서의 경제와 사회」, 그로스만(Grossman)의 「소련 연방에서의 1917년~1927년까지의 경제계획의 실험」 등이 이러한 경향의 연구들이다. 1927년 소련 방문 이후 그륀베르크의 건강은 급속히 나빠졌다. 1929년 그는 「사회연구소」의 소장에서 물러나기로 결심하였다.

「사회연구소」의 초창기 멤버 중에서 연구소의 소장으로 임명될 수 있는 정교수의 자리를 차지한 사람은 호르크하이머뿐이었다. 1930년 7월 호르크하이머는 35세의 나이로 그륀베르크의 뒤를 이어 「사회연구소」의 소장으로 취임하였다. 그가 새로운 소장으로 취임하면서, 「사회연구소」는 초창기

의 러시아의 실험에 대한 열광에서 벗어나기 시작했다. 1930
년대에 접어들어 프랑크푸르트 학파는 오늘날 알려진 것과
같은 윤곽을 갖추게 되었다.

볼셰비키 혁명의 성공은 독일의 좌파 지식인들을 곤경에
빠뜨렸다. 독일의 좌파 지식인들은 크게 두 부류로 분열되었
다. 하나는 바이마르 공화국을 지지하며, 러시아에서의 사회
주의 혁명의 실험을 부정하는 입장이었고, 다른 하나는 모스
크바의 지휘를 받아들여서 새로 형성된 독일 공산당에 가입
하여 바이마르 공화국을 부정하는 입장이었다. 아도르노와
호르크하이머는 제1차 세계대전 이후 독일 좌파 지식인들이
선택했던 두 가지 길을 모두 부정하면서 제3의 길을 모색하
려 하였다. 이들이 추구했던 제3의 길에 대한 모색은, 역사유
물론에 대한 재해석, 지식인과 실천 사이의 관계, 파시즘이
등장하게 된 이유에 대한 분석 등에서 독창적이고 색다른 해
석을 제시하였고, 이들의 해석은 공동 저서인 『계몽의 변증
법』에 고스란히 들어 있다.

1930년 호르크하이머가 새로운 연구소장으로 임명되면서
'프랑크푸르트 학파'라 불리는 새로운 학자들이 「사회연구
소」에 영입되었다. 호르크하이머는 취임연설에서 사회철학
의 과제는 일반적인 것에 주목하면서도, 세밀한 과학적 방법
에 의한 정밀한 연구의 필요성을 주장했다. 이런 경향은 1932

왼쪽부터 호르크하이머(1930년), 폴록(1920년경), 마르쿠제(1935년).

년 마르쿠제(Marcuse)가 1938년에 아도르노(Adorno)가 「사회연구소」의 연구원으로 영입되면서 한층 강화되었다(호르크하이머 소장 시절 「사회연구소」의 중요 연구원으로 프롬(Fromm), 라이히(Reich), 노이만(Neumann)과 준 연구원으로 있었던 블로흐(Bloch) 등이 있다).

호르크하이머에게 비판이론은 전통적 이론과는 달리 사회와 과학에 대한 긍정이 아니라 비판적 태도를 견지한 이론을 의미한다. 그가 전통적(traditionell) 이론이라고 비판하는 경향은 호르크하이머의 '비판적' 태도처럼 사회를 총체적으로 파악하는 이론을 지향하지 않고, 단지 부분적 사실의 관찰에 만족하는 '경험주의' 적 편향을 보여 주는 이론이다. 호르크하이머는 이러한 전통적 이론은 사회비판으로 나가지 못하고 사회를 긍정하는 보수적인 이론으로 회귀된다고 주장했다. 자연과학을 과학지식의 모델로 삼는 전통적 이론과 달리, 호르크하이머는 독일관념론의 급진화(Radikalisierung)를 통해 전통적 이론을 넘어서려 했다. 전통적 이론은 이론가를 사회의 연관망에서 벗어난 추상적인 중립의 위치에 있다고 생각하지만, 호르크하이머에게 비판적 행동은 전통적 이론 과는 달리 "사회 자체를 대상으로 삼는 인간행동"을 지칭했 다. 호르크하이머에게 전통적 이론을 벗어나는 문제는, 실증 주의적 방법론을 넘어섬과 동시에 이론가의 사회적 지위에 대한 재고를 포함했다.

히틀러의 제3제국이 바이마르 공화국을 승계하자, 「사회 연구소」는 더 이상 비판이론 연구 프로그램을 독일에서 수행 할 수 없었다. 왜냐하면 「사회연구소」의 중요 인물들은 유대 인이었기 때문이다. 1933년 「사회연구소」는 폐쇄되었다. 1933년 4월 15일 호르크하이머는 교수직에서 물러났고, 나 치의 위험을 피해 미국으로 망명했다. 아도르노 역시 영국을 거쳐 미국으로 피신했다. 여러 경로를 통해 미국으로 망명한 「사회연구소」의 연구원들은 1935년 콜럼비아 대학의 도움으 로 뉴욕에 「사회연구소」를 재건했다. 1934년 5월 미국으로 망명한 호르크하이머는 콜럼비아 대학의 총장이었던 버틀러 와 면담을 했다. 놀랍게도 버틀러는 호르크하이머에게 대학 건물 하나를 「사회연구소」가 사용할 수 있도록 해 주겠다는 약속을 했다. 마르쿠제, 뢰벤탈, 폴록, 그리고 비트포겔 등은 미국으로 망명함과 동시에 「사회연구소」와 결합하였다.

프롬(1935년)과 『사회연구지』 표지.

 콜럼비아 대학의 도움으로 「사회연구소」의 뉴욕 시절이 시작되었지만, 「사회연구소」는 유대인 디아스포라의 운명으로부터 자유롭지 못했다. 「사회연구소」는 그들에게 전혀 생소했던 미국적인 학문 분위기라는 새로운 유령과 조우했다. 「사회연구소」는 철학적이고 비판적인 연구 전통을 지녔지만, 미국의 학문 분위기는 반사색적이었으며 정밀한 경험적 방법론을 추구했다. 「사회연구소」의 연구원들은 미국의 학문 분위기 속에서 미국에 동화되지 않기 위해 노력을 기울였다. 연구소는 일부러 『사회연구지』를 미국이 아니라 파리에 있는 펠릭스 알캉 출판사에서 발간하였으며, 『사회연구지』에는 영어가 아닌 독일어로 쓰인 논문들이 실렸다. 프랑크푸르트에 있을 때와 마찬가지로 콜럼비아 대학의 체제로부터 벗어나 독립성을 유지하려는 욕망을 굳게 지켰다. 하지만 「사회연구소」의 이러한 고집 때문에 「사회연구소」는 미국 학계로부터 고립되었다.

미국 망명 시절 「사회연구소」는 나치즘의 기원을 규명하기 위한 권위주의에 관한 대규모 프로젝트를 수행하였다. 또한 이들은 『권위와 가족에 관한 연구 *Studien über Autorität und Familie*』와 『편견에 관한 연구』라는 공동연구를 통해 나치즘 현상을 정신분석학과 대중심리학을 통해 규명하기 시작하였다. 이 연구는 연구소가 프랑크푸르트에서 표방했던 사회일반 현상에 주목하면서도 섬세한 과학적 방법론에 의거한 연구의 결실이었다.

　　나치즘의 등장으로 미국에 망명해야 했던 「사회연구소」가 그들을 추방시킨 사회적 힘인 나치즘 분석에 몰입한 것은 어떤 점에서 당연했다. 호르크하이머의 비서였던 마이어는 30년대 후반과 40년대 「사회연구소」의 분위기를 이렇게 전한다. "우리는 히틀러와 파시즘을 공격해야 한다는 강박관념에 사로잡혀 있었기 때문에 모두 단결했다. 일종의 사명감을 가지고 있다고 우리 모두 느꼈다. 이 연구소의 모든 사무직원들, 이 연구소에 들어오는 모든 사람들, 여기서 일하는 모든 사람들이 이런 사명감에 젖어 있었다. 이런 사명감 때문에 우리는 이 연구소에 대한 충성심과 아울러 이 연구소에 함께 소속되어 있다는 집단 소속감을 절실하게 느꼈다." (제이, 『변증법적 상상력』, 225) 『권위와 가족에 관한 연구』는 상부구조와 하부구조의 관계를 해명하는 「사회연구소」만의 독특한 관점

전쟁으로 파괴된 「사회연구소」.

이 발전될 수 있는 터전이었다. 이 연구는 「사회연구소」의 공동연구로 수행되었다. 호르크하이머는 이론편인 1부를 편집했고, 에리히 프롬은 경험적 연구에 초점을 둔 2부를, 뢰벤탈은 3부를 편집했다. 이론 편에서 호르크하이머는 마르크스주의적 해석과 사뭇 거리가 있는 해석을 보여 주었다.

1940년대는 「사회연구소」가 가장 생산적이었던 시기였다. 「사회연구소」는 가족과 권위에 관한 연구에 이어 편견연구(Studies in Prejudice)에 착수했다. 캘리포니아로 이주한 아도르노와 호르크하이머는 비판이론의 획을 긋는 중요한 저작인 『계몽의 변증법』, 『이성의 몰락』(후에 도구적 이성비판으로 출판)과 『미니마 모랄리아』 등의 업적을 냈다. 이러한 업적은 독일시절의 「사회연구소」뿐만 아니라, 망명 이후 「사회연구소」가 추구했던 대중문화 비판에 관한 일련의 연구와 나치즘에 관한 일련의 연구의 든든한 이론적 성찰의 결과물이었다. 호르크하이머는 전쟁 이전부터 프랑크푸르트 학파의 기본 이념 몇 가지가 재고되어야 한다고 생각했다. 그는 연구소의 지도자가 된 이래로, 연구소의 다양한 일 때문에 학문적인 진척이 없다고 생각했다. 1938년 이미 호르크하이머는 계몽의 변증법적 발전에 관한 책을 쓰고 싶다는 욕심을 토로하였다. 건강상의 문제로 호르크하이머가 캘리포니아로 이주했고 아도르노 역시 캘리포니아에 있었기에, 호르크하이머의 구상은 아도르노와의 공동작업에 의해 실현될 수 있었다. 이렇게 탄생한 공동저작 『계몽의 변증법』은 1947년 네덜란드에서 독일어로 출판되었지만, 이 책은 상업적 성공도 아카데미의 주목도 받지 못했다. 하지만 『계몽의 변증법』은 곧 비판이론의 새로운 모습을 보여 주는 기념비적 저작으로 자리잡았다.

나치의 패망 이후 프랑크푸르트 대학은 사회학과와 재건에 착수했다. 「사회연구소」의 독일 귀환은 사회학과 재건을 위해 반드시 성사시켜야 하는 중요 과제였다. 1948년 호르크하이머는 전후 처음으로 독일을 방문했다. 1949년 6월 「사회연구소」의 독일 내 귀환을 요구하는 호소문이 작성되었는데, 이 호소문에는 레이몽 아롱(Raymond Aron), 라자스펠트(Paul Lazarsfeld), 탈코트 파슨스(Talcott Parsons) 등이 서명했다. 맥

클로이 재단은 「사회연구소」에 23만6천 마르크를 기부하겠다고 약속했다. 프랑크푸르트 시는 「사회연구소」의 귀환을 위해 노력했다. 호르크하이머는 다시 독일로 돌아오겠다는 약속을 하고, 9월에 다시 미국으로 돌아왔다. 1949년 7월 13일 대학은 나치 시절 해직되었던 호르크하이머와 아도르노를 복직시켰다. 이제 남은 일은 실제로 「사회연구소」가 돌아오는 일이다. 「사회연구소」는 1950년 독일로 귀환했다. 호르크하이머와 아도르노는 1969년에 재발간된 『계몽의 변증법』의 공동 서문에서, 「사회연구소」의 귀환 이유를 이렇게 설명했다. "우리는 이 책이 씌어진 곳인 미국으로부터 독일로 돌아왔는데, 그것은 이론적으로나 실제적으로나 어떤 다른 곳보다 독일이 작업하기에 더 나으리라는 확신 때문이었다. 프리드리히 폴록과 함께 우리는 『계몽의 변증법』에서 언급한 관념들을 더 발전시키겠다는 생각에서 「사회연구소」를 재건했다."(10)

전쟁 동안 파괴되었던 「사회연구소」 건물은 알로이스 기퍼(Alois Giefer)와 헤르만 메클러(Hermann Mackler)의 설계로 신축되었다. 「사회연구소」는 귀환하자마자 독일의 이데올로기와 민주주의적 문화의 관계에 관한 연구에 착수했다. 1951년 11월 14일, 마침내 새로운 「사회연구소」가 문을 열었다. 호르크하이머는 「사회연구소」는 미국 망명 이전에 내걸었던 것처럼 "철학자, 사회학자, 경제학자, 역사학자, 심리학자의 공동연구를 통해 중요한 철학적 문제들을 연구"하는 목표를 지닌다고 밝혔다. 그리고 연구소는 『프랑크푸르트 사회학 논문집 Frankfurter Beiträge zur Soziologie』을 사회연구지를 대신하여 연구소의 저널로 발행하기 시작했다.

귀환 이후 이들은 『계몽의 변증법』에서 시도된 지향들을 지속적으로 발전시켰고, 이 시기에 호르크하이머와 아도르노는 각자 기념비적인 연구들을 출간했다. 호르크하이머는 『도구적 이성비판 Zur Kritik der instrumentellen Vernuft』을 통해 이성의 도구화로 인한 현대사회의 야만을 비판했고, 아도르노는 『부정 변증법 Negative Dialektik』을 통해 『계몽의 변증법』에서 제기된 비판이론을 지속적으로 발전시켰다. 호르크하이머는 정년퇴임을 앞둔 1958년, 「사회연구소」 소장 직을 공동소장이었던 아도르노에게 물려주었다.

호르크하이머로부터 소장직을 물려받은 아도르노는 60년대 독일의 지성계에 커다란 영향력을 행사했다. 아도르노는 칼 포퍼와 벌인 실증주의 논쟁과 1968년 독일사회학대회 개회연설을 계기로 한 '후기 자본주의 사회/산업사회' 논쟁을 통해 국제적 명성을 얻었다. 1968년 대학개혁에 대한 학생들의 불만으로부터 시작된 68운동은 광범위한 학생들의 저항운동으로 전 독일에 확산되었다. 프랑크푸르트 학파의 영향

1969년 「사회연구소」 경찰투입.

력은 1968년 운동에서 꽃을 피우는 듯했다. 학생들은 비판이론이 정치적 행동주의의 사상을 풍부하게 해 줄 원천이라 생각했다. 미국에 남은 마르쿠제는 학생운동에 막강한 영향력을 행사했지만, 학생운동이 격화되고 있던 당시 아도르노는 직접적 정치적 실천을 선택하지 않고 미학이론을 선택했다. 아도르노는 정치적 급변의 시기에 『부정 변증법』 이후의 다음 저서로 『미학이론 *Ästhetische Theorie*』을 선택했다. 이러한 아도르노의 '정치적 절제'에 실망한 학생들이 「사회연구소」를 점거하는 해프닝이 벌어지기도 하였다.

신좌파 운동이 유럽을 휩쓸고 있던 1968년 아도르노는 '정치적 절제'의 수수께끼를 담고 있는 『미학이론』을 완성하지 못한 채 사망했다. 호르크하이머도 1973년 세상을 떠나게 됨에 따라, 프랑크푸르트 학파를 재건했던 호르크하이머와 아도르노의 시대는 끝이 났다. 호르크하이머와 아도르노 이후 위르겐 하버마스(Jürgen Habermas), 오스카 넥트(Oskar

Negt), 클라우스 오페(Claus Offe), 그리고 알브레히트 벨머(Albrecht Wellmer)와 같은 프랑크푸르트 학파의 2세대로 호칭되는 학자들이 배출되었지만, 아도르노와 호르크하이머의 사망 이후 구심점이 상실된 프랑크푸르트 학파는 하나의 학파라기보다 비판적 사회과학에 대한 은유에 더 가까웠다.

하버마스는 역사유물론의 재구성으로부터 출발하여 언어학적 선회를 통해 의사소통이론으로, 넥트는 노동운동이론으로, 오페는 정치학으로, 벨머는 미학이론으로 나아갔다. 2세대들에게는 그 어떤 구심점도 없다. 하지만 프랑크푸르트 학파의 사상사적 영향력은 여전하다. 1999년 1월 27일 개최된 나치 희생자를 위한 추모행사에서 연방의회 의장인 볼프강 티제(Wolfgang Tiese)는 이렇게 말했다.

"1월 27일은 우리 독일인에게 공공 영역에서 그리고 사적으로 우리의 최근 역사와 우리의 상상을 뛰어넘는 사건을 회고해야 하는 동기를 제공합니다. 따라서 기억 속에서 현재의 과제와 미래를 동시에 착목해야 합니다. 아도르노의 잘 알려진 테제, 다시는 아우슈비츠가 반복되지 않아야 함을 교육의 과제로 삼아야 한다는 것은 우리 시민들을 겨냥한 것이기도 합니다. 따라서 오늘의 추모식은 깨어 있음에 대한 요구입니다."

우리의 상식으로 연방의회 의장이 연설문에서 학자들의 이름을 언급하는 것은 의아하게 보일 것이다. 그렇다고 이런 현상은 우리와 다른 문화를 지닌 독일의 문화적 독특성이라고 볼 수도 없다. 연방의회 의장이 아도르노를 언급한다는 것은, 독일에서 프랑크푸르트 학파는 단지 하나의 학파가 아니라 비판정신 일반의 은유임을 의미한다. 프랑크푸르트 학파는 단순히 학자들의 모임을 지칭하는 기호로 사용되지 않는다. 프랑크푸르트 학파는 현실을 비판하고, 더 나은 사회를 모색하려는 학자들의 지향을 지칭하는 기호에 가깝다. 나치와 협력 혐의 때문에 전후 하이데거의 영향력이 학문적인 파장만을 불러일으킨다면, 프랑크푸르트 학파의 영향력은 학계를 뛰어넘는다. 헬무트 베커(Helmut Becker)는 이렇게 말했다. "전후 독일의 모든 사회학적·철학적 사유는 호르크하이머와 아도르노를 받아들이거나, 혹은 비판하든가 둘 중의 하나일 뿐이다." 그러므로 아도르노와 호르크하이머의 『계몽의 변증법』 이해는 전후 현대 독일사회를 파악하는 중요한 실마리이자, 현대 독일의 인문사회과학의 지형을 파악하는 데에도 큰 도움이 된다.

아도르노와 호르크하이머가 현대 독일의 인문사회과학의 대표자가 될 수 있었던 이유는 이들의 삶 속에 독일 근대사의 중요한 궤적들이 새겨져 있었기 때문이다. 이들은 자신을 망명하게 만든 독일 근대사의 야만의 근원을 학문적으로 파고들었고, 야만의 근원과 지속적인 대결을 벌였다. 그러므로 프랑크푸르트 학파는 학문적 업적과 정치적 태도 사이의 괴리를 보여 주는 하이데거와 달리, 학자들에게만 영향력이 있는 지식인이 아니라 동시대인들에게 커다란 영향을 준 독일의 비판적 지성과 동의어로 받아들여질 수 있었던 것이다. 따라서 아도르노와 호르크하이머의 이론적 궤적을 찾는 작업은 단순히 이들이 제출한 테제를 해석하는 것으로 끝날 수 없다. 아도르노와 호르크하이머의 궤적은, 지식인이 사회 속에서 자기 정당성을 확보할 수 있는 유일한 길은 변치 않는 비판정신 유지에 있음을 보여 주는 한 사례이기 때문이다.

2부

현대적 야만의 기원

탈마법화로서의 계몽은 역사적 단계로서의 근대의 형성에 국한되지 않고, 이른바 서양적 사유의 원천에까지 적용된다. '신화(Mythos)'는 이미 계몽이었던 것으로, 오디세우스의 '간계(奸計)'에서 근대적 인간의 면모를 확인할 수 있는 것은 우연이 아니다. 오랫동안 계몽을 추구한 결과 인류는 세계의 주인으로 우뚝 선 듯 보였으나, 이번에는 합리적(도구적) 이성의 통제 하에 구축된 새로운 '신화체계(Mythodologie)'로 들어서는 비극을 맞았다. 호르크하이머와 아도르노는 계몽의 원리 자체에 내재해 있는 억압성을 비판함으로써, 제2차 세계대전 같은 비참에 힘겨워하고 문화산업에 도취되어 자기기만에 빠져 사는 기계적 인류에게 비판적 이성을 일깨울 것을 종용한다.

1장

『계몽의 변증법』
독해를 위한 예비 논의

『계몽의 변증법』의 독특한 문체와 독해

캘리포니아로 이주한 호르크하이머는 '변증법적 논리'에 관한 체계적인 저작을 집필할 계획을 세웠다. 애초에 호르크하이머는 마르쿠제와의 공동 작업으로 이 계획을 실행하려했다. 호르크하이머는 '변증법적 논리'에 관한 책 공동 집필을 마르쿠제에게 제안했지만, 그는 뉴욕으로 되돌아가야 했기에 그 계획은 불가능했다. 아도르노의 『신음악의 철학 *Philosophie der Neuen Musik*』 초고는 호르크하이머의 처음 계획을 변경시켰다. 호르크하이머는 이후에 『신음악의 철학』으로 출판하게 된 아도르노의 초고(『신음악의 철학』은 1949년 모르(J.C.B. Mohr) 출판사를 통해 출판되었다)를 읽고 나서, 아도르노야 말로 변증법에 관련된 저서의 공동집필을 위한 적절한 파트너라 생각하게 되었다. 게다가 아도르노 역시 호르크하이머처럼 캘리포니아에 머물고 있었다. 이전부터 호르크하이머와의 공동 작업을 원했던 아도르노는 호르크하이머의 공동 집필 제안을 흔쾌히 허락했다. 이렇게 아도르노와 호르크하이머의 공동작업은 시작되었다.

아도르노와 호르크하이머는 몇 차례에 걸친 준비 토론을 통해 변증법에 관한 책을 「사회연구소」의 중요한 성과 중의 하나였던 반유대주의에 대한 연구와 결합시키기로 결정하였다. 아도르노와 호르크하이머는 책의 방향을 변증법에 관한 철학 책에서 자신들을 망명하게 만들었던 현대적 야만의 뿌리에 대한 성찰로 바꾸었다. 캘리포니아에서 그들은 자신들의 운명과 인류의 운명에 대해 성찰하기 시작했고, 그 결과 인류 역사상 가장 '어두운 책'이라는 별칭을 얻은 『계몽의 변증법』이 탄생했다.

『계몽의 변증법』의 첫 번째 논문 「계몽이란 무엇인가」는 1942년에 완성되었고, 초판 서문에 따르면 나머지 원고들은 1944년 5월에 완성되었다. 『계몽의 변증법』은 초고가 완성되고 나서 3년 후인 1947년 암스테르담의 퀘리도(Querido) 출판사를 통해 출판되었다. 『계몽의 변증법』은 출간 이후 학계로부터 아무런 반향을 불러일으키지 못한 채 철저하게 무시되었다. 이 책에 대한 진지한 서평도 없었고, 독자들도 이 책에 아무런 반응을 보이지 않았다. 하지만 '비판이론'이 점차 국제적 명성을 얻게 되면서 아도르노와 호르크하이머의 이 저작은 뒤늦게 1960년대 해적 출판물을 통해 유포되었고, 언더그라운드 고전이 되었다. 뒤늦게 얻은 명성 덕택에 『계몽의 변증법』은 1970년 공식적으로 다시 출판되었다. 그렇게 해서 묻힐 뻔했던 아도르노와 호르크하이머의 최초의 공동 저작이자 마지막 공동 저작 『계몽의 변증법』은 부활하게 되었다.

공동 작업이 어떠한 방식으로 진행되었는지는 잘 알 수 없지만, 1969년 개정판 서문에서 저자들은 공동작업의 진행을 이렇게 설명했다. "우리 두 사람이 하나하나의 문장에 대해 어느 정도로 공동 책임을 지고 있는지 다른 사람들은 쉽게 상상할 수 없을 것이다. 긴 문단들을 우리는 함께 써 내려갔다."(9) 공동 집필 이후 아도르노와 호르크하이머의 저작 경향을 보면, 아도르노와 호르크하이머 사이의 미세한 차이가 이 책에 담겨 있다고 추측할 수도 있다. 저자들도 둘 사이의 관계에 대해 의미심장한 표현을 남기고 있다. "『계몽의 변증법』에 엉켜 들어간, 두 사람의 지적 기질이 일으키는 긴장은 이 책의 생동하는 요소일 것이다." 독립된 사상가였던 아도르노와 호르크하이머가 『계몽의 변증법』의 모든 표현에 동의했으리라 추측할 수는 없다. 아마도 특정한 부분에서 저자

들 사이에는 이견이 있었을 수도 있다. 그렇다고 하더라도
『계몽의 변증법』을 아도르노의 몫과 호르크하이머의 몫으로
구별하려는 시도는 부질없다. 저자들의 표현처럼 아도르노
와 호르크하이머 사이의 이견은 오히려 "이 책의 생동하는
요소"이기 때문이다.

　『계몽의 변증법』은 결코 읽기 쉬운 책이 아니다. 이 책이
다루는 주제의 비장함 때문이기도 하지만, 이 책의 문체가 결
코 가볍지 않기 때문이기도 하다. 또한 저자들이 주제를 설명
하면서 다양하게 드는 예들은 서양 문화에 대한 포괄적 이해
없이는 이해하기 힘들 정도이다. 저자들은 그들이 인용하고
있는 다른 사람의 저서에 대한 친절한 설명을 곁들이지 않는
다. 그래서 『오디세이아』를 읽지 않았던 사람, 칸트의 철학을
알지 못하는 사람, 독일 역사에 대해 무지한 사람들은 이 책
을 읽으면서 당혹감을 느낀다. 이 책을 이해하기 위해서는 이
책에 담겨 있는 또 다른 책을 먼저 읽어야 할 것 같은 압박감
이 들기도 한다. 서양문화에 대한 다양한 지식이 있으면 이
책을 보다 쉽게 이해할 수 있겠지만, 이 책을 읽기 위해 또 다
른 별도의 공부를 할 수는 없다. 세상에는 읽어야 할 책들이
너무나 많기 때문이다. 따라서 독자들은 기본상식을 넓힌 다
음 이 책을 읽고 이해하는 방법이 아니라, 이 책을 통해 서양
문화에 대한 이해를 높이는 반대의 방향을 추구하는 게 효과

적일 것이다.

　모든 책은 고유한 독해 방법을 요구한다. 한 책을 읽을 때 가장 좋은 독해 방법은 저자의 문체에 익숙해지는 것이다. 문체에 익숙해지는 것 못지않게 중요한 과제는, 그 책을 구성하고 있는 체계에 익숙해지는 것이다. 이 책을 쓰기 위해 아도르노와 호르크하이머는 많은 대화를 나누었을 것이다. 이 책은 아도르노와 호르크하이머의 오랜 대화의 산물이다. 강연을 듣는 것과 저자와의 대화에 참여하는 것은 다르다. 많은 단독 저작은 저자 강연을 통해 쉽게 이해될 수 있지만, 『계몽의 변증법』은 강연보다는 '저자와의 대화' 법을 통해 더 쉽게 접근할 수 있다. 이 책을 읽는 모든 독자는 아도르노와 호르크하이머가 나누는 현대의 야만의 기원에 대한 대화에 초대된 손님이다. 독자들은 대화의 산물인 『계몽의 변증법』을 독해하기 위해서 스스로를 아도르노와 호르크하이머가 나누는 대화의 청중이자 또 다른 대화자로서 자신의 위치를 설정해야 한다.

　저자들의 대화에 성공적으로 끼어들기 위해서는 저자들의 말투에 익숙해져야 한다. 사람들은 모두 독특한 화법을 지니고 있다. 그 사람의 고유한 화법에 익숙해지지 않으면, 그 사람의 메시지를 파악하기는 쉽지 않다. 우리가 아도르노와 호르크하이머의 대화에 참여하기 위해서는 저자들의 독특한 화법의 구조를 익혀야 한다. 『계몽의 변증법』은 대화의 산물이 텍스트로 변형된 것이다. 따라서 저자들의 독특한 화법 이해를 통해 아도르노와 호르크하이머의 대화에 참여하려면, 그들의 문체로 변형된 그들의 화법에 익숙해져야 한다. 그들이 쓴 책과의 대화는 저자와 직접 대화하는 것과는 다른 기술을 요구한다. 저자와 직접 대화할 경우, 우리는 저자가 구사하는 언어의 문법과 의미론을 따라가면 된다. 하지만 글은 문법과 의미론 차원뿐만 아니라 '문장론'에 대한 이해를 요구한다. 각자의 책은 고유한 '문체'를 갖고 있는데, '문체'를 이해하는 길은 글을 통해서 저자와 대화할 수 있는 가장 중요한 도구이다.

저자들의 '위치'는 매우 독특하다. 저자들은 이 책을 '계몽의 변증법'을 뛰어넘은 초월적 지위에서 저술하지 않았다. 흔히 『계몽의 변증법』 속의 저자들의 위치는 계몽의 변증법에서 이미 해방된 초월적인 예외적 지위를 전제하고 있다고 비판받지만, 이러한 비판은 타당하지 않다. 저자들은 서문에서 "우리의 작업이 당면하고 있는 난관(Aporie)"(14)에 대해 언급하고 있다. 저자들은 " '사유'가 자신의 죄과를 돌아"(14) 보려는 시도를 하지만, 저자들은 모순된 상황에 빠져 있다. 한편으로 저자들은 "이 계몽 개념 자체가 오늘날 도처에서 일어나고 있는 저 퇴보의 싹을 함유하고 있다"(15)고 확신한다. 하지만 이 확신을 비판적으로 성찰하려는 저자들은 다음과 같이 밝혔다. "우리는 사회 속에서의 자유가 계몽적 사유로부터 분리될 수 없다는 데 대해서는 어떤 의심도 갖고 있지 않으며, 이것은 우리의 —아직 검증되지는 않았지만— 전제를 이룬다."(15)

저자들은 계몽의 야만을 비판하려는 그 순간에도, 비판의 수단인 언어에도 계몽의 논리가 스며들어 있음을 자각한다. "어떤 사상도 상품으로, 또한 언어는 상품을 위한 선전이 되는 것이 현재의 공적 상황이라면, 이러한 전략의 과정을 추적하려는 시도는 통상적인 언어적·사상적 요구들을 고분고분 따를 수가 없다. 그럴 경우 이러한 세계사적인 추세는 결국 '사상'이라는 것을 완전히 공허한 것으로 만들어 버릴 것이다."(13) 저자들은 자신들이 처한 이러한 난관을 너무나 잘 알고 있다. 저자들은 자신들의 위치를 '계몽의 변증법'으로부터 해방된 예외적 공간이 아니라, '계몽의 변증법'에 의해 포획되어 있는 사회에서 '계몽의 변증법'에 포획된 언어에 의해 '계몽의 변증법'을 비판하는 난관의 공간에서 확인한다. 이 난관은 『계몽의 변증법』에 내재한 모순이지만, 『계몽의 변증법』에 긴장을 불러일으키는 생동적인 요소이기도 하다. 독자들이 저자들의 난관을 모순이 아니라, 생동적인 긴장을 유발하는 요소로 취급하게 되면 『계몽의 변증법』 독해는 새로운 즐거움을 준다.

『계몽의 변증법』은 체계철학을 비판하는 책이다. 그렇기에 저자들이 빠진 또 하나의 난관은 '체계를 비판하는 책이 체계를 구성'할 때 나타나는 수행적 모순이다. 체계를 비판하는 책이 체계 구성을 통해 체계를 비판하게 되면, 비판서는 비판의 대상이 갖고 있는 문제점들을 고스란히 반복하게 된다. 저자들은 계몽의 핵심은 동일성과 체계 지향 철학임을 지적한다. 따라서 저자들이 부딪힌 저술 형식상의 난제는 동일성 지향 철학과 체계 지향 철학을 비판하는 비판서가 비판 대상의 논리를 되풀이하지 않는 형식 추구였다. 이런 문제점들을 극복하기 위해 저자들은 '단상(Fragment)'을 이 책의 형식으로 채택했다. "우리는 현재의 인식에 너무나 친숙했기 때문에 기술하는 데 있어서의 어려움을 과소평가 했었다. 상당히 오래 전부터 우리는 현대 응용 학문에서의 눈부신 발명들이 초래한 상황을 '이론'으로 형성해 내는 작업이 어쩔 수 없이 실패했다는 것을 알고는 있었지만, 그래도 우리는 우리의 작업을 분과 학문들의 범위 내에서 또는 이들을 비판적으로 다루는 과정 속에서 수행할 수 있으리라 믿었다. 최소한 주제 면에서 보아 우리는 전통적인 분과 영역들, 즉 사회학·심리학·인식론을 떠나지 않고자 했다. 그렇지만 이 책에서 우리가 하나로 묶은 단상들은 우리가 그러한 믿음을 포기했어야만 했다는 것을 보여 준다."(12) 『계몽의 변증법』은 체계적인 저서가 아니라, 단상들의 모음이다. 기승전결, 혹은 서론 본론 결론과 같은 3단계 논리전개에 익숙해져 있는 독자들은 『계몽의 변증법』을 3단계 논리전개에 바탕을 둔 책을 읽는 방식으로 읽게 되면 곧 혼란에 빠진다. 『계몽의 변증법』이 체계적인 서술 형태를 취하지 않고 단상의 모음의 형식으로 쓰인 이유는 저자들이 지녔던 철학의 바탕에서 보자면 당연한 귀결이다. 이러한 의도에서 독해를 힘들게 만드는 『계몽의 변증법』의 비체계적 체계와 『계몽의 변증법』에 특유하게 나타나는 복합적인 문장 스타일이 등장했다.

『계몽의 변증법』의 문장들은 확언적 규정을 회피한다. 그러므로 '무엇은 무엇이다' 라는 실체적 정의에 익숙해져 있는 독자들에게, 『계몽의 변증법』을 구성하는 각 문장들은 무언가 감을 잡을 수 없는 은어로 가득 찬 잠언처럼 보인다. 저자들은 병렬(parataxis)의 문장 서술을 구사하고 있다. 하나의 문장 안의 쉼표는 숨을 쉬기 위한 시간을 의미하지 않고, 한 문장 안에 대립된 요소들이 배치되어 있음을 의미한다. 하나의 문장 안에는 서로 배치되고 대립하는 힘들의 구도(constellation)가 숨어 있다. 문단과 문단의 연결 또한 마찬가지이다. 앞에 나온 문단과 뒤에 나오는 문단은 인과적인 논리관계에 따라 배치되지 않는다.

따라서 독자들이 『계몽의 변증법』을 읽을 때, 각 문장이 놓인 문단과의 구도를 포착하지 못하고 문장만을 자구 해석하려 하거나, 한 문장 속의 개념을 문장, 문단과 고립시켜 읽을 경우 독해는 불가능해진다. 독자들은 『계몽의 변증법』을 읽으면서, 문장 속에서의 개념들 사이의 구도, 문장과 문장 사이의 구도, 문단과 문단의 구도, 각 장과 또 다른 장과의 구도를 파악할 수 있어야 한다. 『계몽의 변증법』의 개념과 문장들은 그 자체로는 독해하기 힘든 대상이나, 구도 속에서 파악되면 의외로 쉽게 독해될 수 있다.

『계몽의 변증법』의 구성

　『계몽의 변증법』은 계몽의 기원과 형성을 다루는 역사적 접근임과 동시에 현대에서 계몽이 빚어내는 구도를 분석한다. 이 책은 이중적이다. 이 책에는 역사적인 서술과 구조적인 분석이 얽혀 있다. 독자들은 이 책을 읽을 때 계보학의 결과 위상학의 결을 판별해야 한다. 계보학과 위상학이 얽혀 있음은 이 책을 생동감 있게 만들어 주는 또 다른 요소이자, 이 책의 독해를 위한 실마리를 제공해 준다.

　구성 원리 이해는 저자들과 대화를 시도할 때 매우 중요하다. 이 책은 서론, 본론, 결론의 형식을 취하지 않고 있기에, 독자가 읽고 있는 문장이 전체 구도 속에서 어떤 지점을 지시하는 문장인지를 파악하지 않으면, 각각의 문장들은 파악하기 힘든 '은어'처럼 보인다. 하지만 전체 구성 속에서 차지하는 각 문장의 위치가 파악되면, 이 책의 문장들은 '암호'가 아니라 풍부한 내용을 포함하고 있는 '함축된 언어'로 뒤바뀐다.

『계몽의 변증법』은 총 7개의 부분으로 분리되어 있다. 7개의 부분은 저자 서문, 이 책의 이론적 토대이며 이 책의 핵심적 테제를 설명하는 "계몽의 개념"과 오디세우스와 마르키드 사드(Marquis de Sade)의 줄리엣 분석을 통해 핵심 테제를 예증하는 "부연설명 1: 오디세우스 또는 신화와 계몽", "부연설명 2: 줄리엣 또는 계몽과 도덕"과 문화산업 분석을 통해 현대의 야만을 비판하는 "문화산업: 대중기만으로서의 계몽", 현대적 야만의 또 다른 예인 반유대주의를 분석하는 "반유대주의적 요소들: 계몽의 한계" 그리고 짤막한 에세이로 이루어진 "스케치와 구상들"로 구성되어 있다.

앞서 언급한 것처럼 『계몽의 변증법』은 체계적 서술을 부정하는 단상 형식을 추구하고 있기에, 이 책을 구성하는 각 부분 사이의 관계 해명은 쉽지 않다. 하지만 다행히 『계몽의 변증법』의 저자들은 서문에서 이 책의 구성에 대해 중요한 언급을 하고 있다. 이 책의 구성에 대한 파악은 서문에서 저자들이 말하고 있는 각 장의 의도에 대한 이해로부터 시작하는 것이 좋다.

서문은 1944년 5월에 작성된 초판 서문과 1969년 4월에

『계몽의 변증법』의 목차

순서	『계몽의 변증법』의 장 제목	한국어판 쪽수	본서의 구성
1	서문	9-20	1장
2	계몽의 개념	21-79	2장
3	부연설명 1: 오디세우스 또는 신화와 계몽	80-130	3장
4	부연설명 2: 줄리엣 또는 계몽과 도덕	131-182	4장
5	문화산업: 대중기만으로서의 계몽	183-251	5장
6	반유대주의적 요소들 : 계몽의 한계	252-311	6장
7	스케치와 구상들	312-381	

작성된 재판 서문으로 나뉘어 있다. 길지 않은 두 개의 서문은『계몽의 변증법』을 독해할 수 있는 중요한 실마리를 제공하고 있다. 특히 1944년의 서문은『계몽의 변증법』의 구성 원리와 집필 의도 등을 알 수 있는 유일한 텍스트이다. 1944년의 서문에서 저자들은 각 장에서 표현하려고 했던 핵심적 의도와 각 장의 관계를 파악할 수 있는 소중한 언급을 남기고 있다.

『계몽의 변증법』의 첫 번째 부분인 "계몽의 개념"은 저자들이 서문에서 밝히고 있는 것처럼 "그 다음 논의의 이론적 토대"를 구성하는 제일 핵심적 부분이다. "계몽의 개념" 이해 여부에 따라 이 책의 나머지 부분들의 함축 파악이 결정된다고 할 수 있을 정도로, "계몽의 개념"은『계몽의 변증법』의 출발점이자 종착점이다. "계몽의 개념"을 이해하면, 이 저작의 나머지 부분들은 오히려 술술 읽힌다.

따라서『계몽의 변증법』의 성공적 독해 여부는 "계몽의 개념"을 읽는 순간 결정된다. "계몽의 개념"에서 저자들은 계몽을 비판함으로써, 맹목적인 지배에 연루된 계몽으로부터 벗어날 수 있는 방안을 모색한다. "계몽의 개념"에서 저자들은『계몽의 변증법』을 관통하는 핵심 테제를 제시한다. 저자들은『계몽의 변증법』의 핵심적 테제를 이렇게 제시한다.

"첫 번째 논문의 결정적인 부분은 크게 두 개의 명제로 요약될 수 있다: 신화는 이미 계몽이었다(schon der Mythos ist Aufklärung). 그리고 계몽은 신화(체계)로 돌아간다(Aufklärung schlägt in Mythologie zurück)."(18) "계몽의 개념"에서 저자들이 제시하는 두 테제는 매우 중요하다. 『계몽의 변증법』의 이후 부분들에서 저자들은 "계몽의 개념"에서 제시한 두 테제를 다양한 사례에서 다면적으로 조명하고 있다. "계몽의 개념"에서 제시된 핵심 테제는 그 다음 이어지는 두 개의 부연설명에서 특수한 대상들을 중심으로 논의 된다.

오디세우스와 사드에 관한 부분은 "계몽의 개념"에서 저자들이 밝힌 이 책의 핵심 테제에 대한 부연설명이다. 계몽의

『계몽의 변증법』 각 장 사이의 관계

원리와 부연설명	원리	계몽의 개념	21-79
	부연설명	오디세우스	80-130
		사드, 칸트, 니체	131-182
현대적 야만의 징후와 계몽의 원리	징후	문화산업	183-251
		반유대주의	252-311

발생학을 다루기 위해 저자들은 오디세우스와 사드의 소설을 분석하고 오디세우스와 사드 소설 속에 담겨 있는 계몽의 발생과정을 분석한다. "첫 번째 부연설명은 시민적·서구적 문명을 대변하는 최초의 증인인 오디세이를 중심으로, 신화와 계몽의 변증법(Dialektik von Mythos und Aufklärung)을 추적한다. 그 중심에 서 있는 개념은 '희생(Opfer)'과 '체념(Entsagung)'인데, 이 개념들을 통해 '신화적인 자연'과 '계몽된 자연지배'의 같음과 다름을 보여 주고자 한다."(18) 저자들이 '계몽'의 무자비한 완성자라 부른 칸트, 사드와 니체를 다루는 두 번째 부연설명은 "모든 자연적인 것을 오만한 주체 밑에 굴복시키는 것이 궁극에는 맹목적인 객체성과 자연성의 지배 속에서 어떻게 정점에 이르고 있는가"(18)를 분석한다.

부연설명 이후 "문화산업: 대중기만으로서의 계몽"과 "반유대주의적 요소들: 계몽의 한계"는 저자들이 이 저서를 집필할 당시 나타나고 있는 현대적 야만의 징후 속에 담겨 있는 계몽 원리의 지속성을 다룬다. 부연설명을 통해 계몽의 원리와 발생을 다룬 저자들은 곧바로 계몽의 원리와 발생에 대한 논의를 바탕으로 '동시대'를 분석한다. 저자들은 계몽 원리의 지속성을 규명하고, 현대적 야만의 원천이 계몽 원리에 있음을 규명하기 위해 '동시대'의 대표적인 사례를 채택하였다. 저자들이 보기에 문화산업은 저자들이 살고 있는 동시대에 지속되는 계몽의 원리에 의해 지배받고 있는 문화적 양상이다. 문화산업은 저자들이 찾아낸 현대의 일상에 침투해 있는 대표적인 현대적 야만의 예이다. "문화산업: 대중기만으로서의 계몽"에서 저자들은 "계몽이 어떻게 이데올로기로 퇴보(die Regression der Aufklärung an der Ideologie)하는가를 보여 준다."(18) 저자들은 이 장에서 그 당시에 등장한 뉴미디어였던 영화와 라디오 분석을 통해 문화산업에 나타나는 "퇴보의 전형적인 표현을 발견"(18)한다.

마지막 장 "반유대주의의 요소들: 계몽의 한계"에서 저자들은 반유대주의와 홀로코스트를 "계몽화된 문명이 실제 현실에서 어떻게 야만 상태로 회귀(Rückkehr der aufgeklärten Zivilisation zur Barbarei)"(19)하는지를 보여 주는 사례로 선정

했다. 이 장에서 저자들이 제시하는 반유대주의에 대한 해석은 매우 급진적이며 동시에 포괄적이다. 이 장에서 저자들은 반유대주의를 '특별하고 예외적인 사건'으로 해석하지 않고 계몽의 합리성(Rationaltät)에 내재한 자기 파괴 경향이 드러난 것으로 해석한다. 저자들은 반유대주의를 다루지만, 그들의 시각은 반유대주의의 특수성에 함몰되지 않는다. 저자들의 관심은 반유대주의의 사례 분석을 통해 "반유대주의의 철학적 원사(philosophische Urgeschichte)"로서의 "합리성"에 내재한 "비합리성"을 규명하는 것에 있다. 저자들이 보기에 반유대주의의 비합리성은 "합리성"의 왜곡이 아니라, "지배적인 이성의 본질 자체(Wesen der herrschenden Vernunft selber)"와 "이성의 이미지에 상응하는 세계로부터 추론"(19) 된 것이다.

이 책은 『계몽의 변증법』에 대한 요약서가 아니다. 따라서 이 책을 읽는 것과 『계몽의 변증법』을 읽는 것은 다르다. 이 책은 『계몽의 변증법』을 읽는 한 사람의 독자인 저자가 아도르노와 호르크하이머와 나누었던 대화의 기록에 불과하다. 독자로서 나는 이 책의 순서를 따라가면서 저자들에게 질문을 던지고 스스로 답을 구하지만, 이 책에서 아도르노와 호르크하이머에게 던지는 질문은 『계몽의 변증법』의 다면성에 비해 일면적이라는 지적을 피할 수는 없다. 2부의 제2장부터

제6장은 『계몽의 변증법』의 각각의 장에 대한 대화의 기록물이다. 『계몽의 변증법』의 각각의 장은 절로 분리되어 있지 않으나, 이 책에서는 독자들의 이해를 돕기 위해 필요한 경우 소절로 나누었다.

2장

"계몽의 개념"에 관한 주석

『계몽의 변증법』의 비판 대상

    책 제목 『계몽의 변증법』은 저자들의 의도를 압축적으로 담고 있다. 표현 그대로 이 책은 '계몽'의 '변증법'적 전개과정을 분석한다. 저자들이 사용하는 '계몽' 개념은 18세기에 출현한 사상적 조류인 '계몽주의'와 구별된다. 물론 저자들이 사용하는 '계몽' 개념에는 역사적 범주로서의 계몽주의가 포함되어 있지만, 『계몽의 변증법』의 비판 대상은 역사적 범주로서의 계몽주의에 국한되지 않는다.

    계몽주의는 야심찬 근대의 계획이다. 계몽주의는 모든 비합리성과 결별하고 인류를 합리적 세계로 인도해 줄 사상적 뿌리였다. 프랑스에서 시작한 계몽주의 운동은 유럽 전체로 퍼져 나갔으며, 계몽주의는 근대적 비판의 시대의 전령사였다. 계몽주의자들은 대단히 야심만만한 계획을 바탕으로 뭉쳤다. 그 계획은 세속주의, 인류애, 사해동포주의, 그리고 자유를 위한 계획이었다. 계몽주의는 지식을 향한 충동이었고, 근대적이지 않은 모든 것에 대해 만족을 느끼지 못하는 파우스트 풍의 불만이었다.

계몽주의는 분석을 선호했고, 자유를 찬양했고, 신화와의 급진적 단절을 기획했다. 칸트는 계몽주의를 마치 사람이 스스로 부과한 보호 체계로부터 탈출하는 것에 비유하면서, '감히 알려고 하라(Sapere aude)', '발견의 위험을 감수하라', '자유로운 비판의 권리를 행사하라', '자율성의 외로움을 받아들이라'는 말을 계몽주의의 좌우명으로 내세웠다. 칸트는 계몽주의를 인간이 어른으로서, 다시 말해서 책임질 수 있는 존재로서 인정받으려는 주장으로 보았다. 계몽주의는 종교에 대한 거부, 과학에 대한 찬양이 혼합된 사상이었다. 계몽 사상가들은 합리화된 유토피아를 꿈꾸었다.

계몽주의는 신화(Mythos)의 해체를 통한 새로운 근대로의 이행과 진보를 통한 행복을 약속했다. 하지만 인류의 미래는 계몽주의의 약속처럼 장밋빛이 아니었다. 인류는 진보를 거듭했지만, 진보의 결과 인류 앞에는 재앙이 산더미처럼 쌓였다. 바로 아도르노와 호르크하이머의 성찰은 여기서 시작된다. 저자들은 계몽의 약속이 아니라, 계몽이 전개된 결과에 담긴 '재앙'을 본다. 저자들의 이러한 인식은 분명 계몽주의 운동의 한계를 지적하는 것이다. 하지만 저자들은 계몽주의 비판에 만족하지 않는다. 저자들은 보다 근본적인 성찰을 기획한다. 아도르노와 호르크하이머는 재앙의 근원을 탐색하면서, 현대적 야만은 계몽주의가 실패했기 때문이 아니라 계몽주의를 포함한 계몽의 원리에서 찾으려 한다. 따라서 이 책의 비판 대상은 18세기의 계몽주의뿐만 아니라, 서양적 사유에 내재해 있는 '계몽의 원리'이다.

저자들은 "왜 인류는 진정한 인간적 상태에 들어서기보다 새로운 종류의 야만 상태"(12)에 빠졌는지 묻는다. "새로운 종류의 야만 상태"에 빠진 인류에게 아도르노와 호르크하이머는 "계몽은 스스로를 돌아봐야(Aufklärung muß sich auf sich selbst besinnen)"(17)함을 요구한다. 계몽이 스스로를 되돌아 보기를 요구하며 아도르노와 호르크하이머는 "계몽이 신화(체계)로 퇴보하게 된 원인(die Urscahe des Ruckfalls von Aufklärung in Mythologie)"을 "진리에 대한 두려움 속에서 경직된 계몽 자체에서 찾을 수 있다는 것"을 보여 주고자 한다.

이 책의 계몽 개념은 막스 베버가 서양 합리주의의 발생을 지칭하기 위해 사용했던 탈마법화(Entzauberung) 개념에 가깝다. 저자들은 계몽 원리의 핵심으로 주술과 애니미즘의 세계로부터의 단절을 들고 있다. 하지만 막스 베버의 탈마법화

테제와 저자들의 탈마법화의 과정으로서의 계몽화에 관한
테제 사이에는 무시할 수 없는 중요한 차이가 있다. 막스 베
버의 탈마법화 테제는 자본주의적 합리성의 형성사를 설명
하기 위한 중요한 이론적 도구이다. 막스 베버가 탈마법화 테
제를 통해 규명하려는 것은 근대의 형성에 국한된다.

하지만 저자들이 사용하는 탈마법화로서의 계몽은 역사
적 단계로서의 근대의 형성에 국한되지 않고, 이른바 서양적
사유의 원천에까지 적용된다. 또한 막스 베버가 탈마법화의
진보적 기능을 분명히 인식하고, 탈마법화라는 합리화 과정
이후의 경색(관료주의)을 비판하는 단계론적 사유를 한다면,
저자들은 막스 베버와 달리 계몽의 원리 자체에 내재해 있는
억압성을 비판한다.

계몽과 신화의 변증법적 관계

아도르노와 호르크하이머는 계몽과 신화의 변증법적 관계에 주목함으로써 계몽을 비판한다. 따라서 아도르노와 호르크하이머가 사용하는 변증법 개념은 이 저작을 이해하기 위해 매우 중요하다. 보통 우리는 변증법 개념에서 테제(these)와 안티테제(antithese)의 대립에 의해 신테제(synthese)가 생겨나는 정반합의 운동과정을 지칭하는 헤겔식 변증법을 떠올리지만, 저자들이 『계몽의 변증법』에서 사용하는 변증법은 이른바 부정 변증법이다. 아도르노는 『계몽의 변증법』 이후 중요한 변증법 이론서인 『부정 변증법 *Negative Dialektik*』에서 자신이 사용하는 변증법 개념과 전통적 변증법 개념의 차이를 명확하게 밝히고 있다. 아도르노는 부정 변증법을 이렇게 설명한다. "부정적 변증법 이란 표현은 전통에 위배된다. 변증법은 이미 플라톤의 경우 에도 부정이라는 사유수단을 통해 어떤 긍정적인 것(ein Positives)을 산출하려 했다. 그 후에는 부정의 부정(Negation der Negation)이라는 표현이 그 점을 간명하게 말해 주었다.

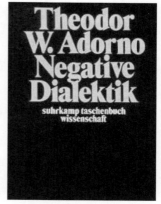

『부정 변증법』 표지.

이 책은 규정성(Bestimmtheit)을 조금도 소홀히 하지 않으면서 변증법을 그런 긍정적(affirmativ) 본질로부터 해방시키고자 한다."(아도르노, 『부정변증법』, 51)

아도르노는 부정의 부정이 긍정을 산출한다는 전통적 변 증법 개념에 포함된 긍정성을 벗어나기 위해 변증법을 동일 성에 대한 인식이 아니라 "비동일성에 대한 일관된 의식"(아 도르노, 『부정변증법』, 58)으로 정의한다. 부정의 변증법은 "논 리적 일관성을 통해, 통일성 원칙과 상위개념의 독재를 이 통 일성의 속박 밖에 위치하는 것의 이념으로 대신하려" 하는 체 계에 대한 "반체계(Antisystem)"인 것이다(아도르노, 『부정변증 법』, 52).

전통적 변증법이 '긍정'의 산출을 목표로 삼는 것과 달리

『계몽의 변증법』에서 사용되는 부정 변증법은 발전의 원천과 원동력이 서로 적대적인 두 가지 요소로 되어 있다는 사실을 표현한다. 즉 이 책에서 변증법은 구도(constellation)의 개념이며, 현실을 파악하는 사유방법이자 현실이 작동되는 기본원리이다. 서로 적대적인 두 가지 요소는 전통적 변증법에서 파악하는 것과 달리 '동일성'으로 귀결되지 않는다. 서로 적대적인 두 가지 요소는 대립적이지만 서로서로 대립적인 요소에 근거한다. 이 두 구성요소는 서로 다른 하나가 없으면 존재할 수 없다. 서로 대립적인 관계를 맺고 있는 두 가지 요소는 사실상 '얽혀 있기'에 한 요소의 발전은 다른 요소의 덕택이다. 대립하고 있는 요소들은 서로 적대적이면서도 동시에 은밀히 상호 기생적 관계를 맺고 있다.

이러한 부정의 변증법에 의한 현실과정의 파악에 근거하여 저자들은 계몽의 원리를 계몽과 신화의 (부정적) 변증법적 관계의 탐색을 통해 수행한다. 계몽과 신화(한국어 번역판에서는 신화(Mythos)와 신화체계(Mythodologie)를 동일하게 번역했지만, 계몽과 신화의 변증법적 관계 파악을 위해서는 두 개념을 구별해야 한다. 본서에서는 한국어 번역판을 인용할 때, 두 개념을 구별하기 위해 Mythodologie를 '신화체계'로 번역했다)의 변증법적 관계의 탐색을 통해 계몽을 비판하는 저자들의 논의 전개과정은 매우 독특하며 독창적이다.

『계몽의 변증법』은 동일성 철학에 관한 비판, 체계 철학에 대한 비판이라는 측면에서 다른 근대 철학에 대한 비판서와 궤를 같이 하지만, 신화와 계몽의 변증법적 관계 탐색을 통한 동일성 철학·체계철학을 비판한다는 점에서 독창적이다. 저자들은 서로 대립하는 것처럼 보이는 계몽과 신화의 변증법적 관계 파악을 통해 계몽은 신화를 부정하지만 신화체계와 얽혀 있음을 파헤치고, 이로 인해 계몽은 탈마법화가 아닌 새로운 신화체계, 즉 이데올로기에 불과함을 비판한다.

또한 저자들은 계몽–신화의 변증법적 관계 파악을 통한 비판의 영역을 인간과 인간의 변증법적 관계를 포함한 인간과 자연의 변증법적 관계로까지 확장한다. 저자들의 이러한 관점은 자연사(Naturgeschichte)로부터 고립된 인간사 내부의 변증법을 규명하려는 헤겔의 시도와는 확연하게 구별된다. 저자들은 변증법이 인간사에만 국한되지 않고 자연사에까지 확장됨을 주장하면서 잊혀졌던 자연–인간의 변증법적 관계에 대한 성찰을 주장한다. 이들에 따르면 '계몽의 변증법' 영역은 인간세계가 아니라 인간과 자연의 관계이다. 부정 변증법의 영역 확대는 『계몽의 변증법』에 숨어 있는 보석이다. 부정 변증법의 영역 확대를 통해 저자들은 헤겔의 관념론을 비판하면서 동시에 헤겔의 관념론을 비판했던 마르크스의 한계를 극복할 수 있는 길을 찾아냈다. 부정 변증법의 영역 확대는 인간-인간의 계급투쟁에 의해 공산주의로의 진보를 꿈꾸었던 마르크스주의의 한계를 자연-인간 관계의 재성찰을 요구하는 생태학적 관점에 의해 돌파하려는 시도이다.

『계몽의 변증법』은 인간사에 의한 자연사의 구축, 혹은 인간에 의한 자연의 지배과정을 탐색하면서, '지배'로 구체화된 자연사와 인간사의 결합을 비판하면서 주체의 역사적 구성을 규명하고, 이에 따라 인간학을 재구성하여 '계몽의 변증법'의 굴레에서 벗어나는 방안을 모색하는 방대한 프로그램을 지니고 있다. 『계몽의 변증법』의 핵심 테제인 "신화는 이미 계몽이다(schon der Mythos ist Aufklärung)"와 "계몽은 신화(체계)로 돌아간다(Aufklärung schlägt in Mythodologie zurück)"는 이러한 야심 찬 의도를 압축적으로 표현해 준다.

『계몽의 변증법』의 핵심 테제 1: "신화는 이미 계몽이다"

"신화는 이미 계몽이다"라는 테제는 계몽의 역사가 계몽주의의 역사와 동일하지 않고 이미 고대로까지 거슬러 올라감을 함축한다. 그렇기에 『계몽의 변증법』의 비판 대상은 좁은 의미로는 '계몽주의'이지만, 넓은 의미에서는 서양적 사유의 기원이다. 따라서 아도르노와 호르크하이머는 "계몽의 제물이 된 '신화' 자체도 이미 계몽의 산물"(28)이었음을 이 테제를 통해 규명하려 한다.

이 테제를 이해하기 위해서는 아도르노와 호르크하이머가 사용하는 독특한 '신화' 개념을 파악해야 한다. 이들이 사용하는 신화 개념을 오독할 경우 "신화는 이미 계몽이다"라는 테제를 잘못 이해할 수 있다. 개념사적으로 보면 신화 개념은 근대의 발명이다. 근대성은 자신의 정당화를 위해 자신과 대립하는 타자 개념이 필요했고, 이성과 합리성의 반대극을 신화 개념을 통해 규정했다. 신화와 계몽을 반대극의 개념으로 파악하는 방식은 여러 학자들에게도 나타난다. 예를 들어 레비스트로스(Lévi-Strauss)는 신화적 사유와 과학적 사유의 분리가 17~18세기에 등장했다고 주장하며, 신화적 사유를 수학적 진리와 구별되는 감각의 세계에 속한 사유로 유형화한다.

"신화는 이미 계몽이다"라는 테제를 통해 저자들은, 탈근대적 사유를 시작한다. 저자들은 근대의 발명인 신화와 이성·합리성 사이의 날카로운 대립을 부정한다. 즉 이들은 신화가 이성과 합리성이 등장하기 이전의 사유방식이고, 이성과 합리성이 신화를 극복한 사유방식이라고 하는 근대적 해석방식을 거부한다. 저자들은 신화를 이성과 합리성이 지배하기 이전 역사 단계를 지배했던 사유방식으로 해석하지 않고, 탈신화화된 사유체계인 계몽 역시 신화와 얽혀 있음을 주장한다. 저자들은 니체를 따라 신화와 계몽의 분리, 양극적

대립을 문제 삼는다. "신화는 이미 계몽이다"는 신화와 계몽 사이에 심연이 놓여 있는 것이 아니라, 둘이 서로 얽혀 있음을 주목하기에 나올 수 있는 테제이다.

신화에 계몽의 원리가 이미 내재화되어 있음을 주장하는 구절은 『계몽의 변증법』의 곳곳에서 찾아볼 수 있다. "신화는 보고하고 이름 붙이고 근원을 말하지만 이로써 기술하고 확정하고 설명하는 것이다. 신화의 수집과 채록은 이러한 경향을 더욱 강화한다. 신화들은 일찍이 보고에서 출발하여 가르침(Lehre)이 되었던 것이다."(28) "비극 작가들의 눈에 포착된 신화들에는 훗날 베이컨이 열렬히 목표로 삼는 훈육과 힘이 이미 들어가 있다."(29) "예전의 신화적 믿음인 민간 신앙을 누르고 언어로 펼쳐진 총체성을 지니면서 진리를 요구하고 나선 태양 중심적인 가부장적 신화(partricarchale Mythos)는 그 자체가 이미 계몽으로서 이러한 계몽은 철학적인 계몽과도 충분히 같은 차원에 놓고 비교해 볼 만한 성질의 것이다."(34)

계몽이 진보의 도식을 주장한다면, 계몽을 비판하는 낭만주의는 진보의 도식을 뒤집어 몰락의 도식을 제시하고 문명의 데카당스한 측면을 강조한다. "신화는 이미 계몽이다"라는 테제는 계몽이 주장하는 '진보' 이데올로기에 대한 비판으로 등장하는 낭만주의적 회귀 담론의 허구성을 의미한다.

현대 문명의 야만적 상태를 지적하는 사람들은 현대 문명의 병폐를 구원할 수 있는 수단으로서, 근대가 발생하기 이전의 원시 상태로의 회귀를 주장한다. 낭만주의적 비판은 도시와 자연을 비교하고, 문명과 신화를 비교하면서 도시와 문명의 문제점을 치유할 수 있는 해결책으로 자연과 신화를 통한 구원을 제시한다. 아도르노와 호르크하이머는 "신화는 이미 계몽이다"라는 테제를 통해 '진보'를 비판하기 위해 과거로의 '회귀'를 주장하는 담론의 문제점을 지적하고 있다.

저자들의 테제처럼 "신화가 이미 계몽"이라면, 과거로의 회귀는 계몽에 대한 진정한 비판이 될 수 없다. 회귀는 단지 회피일 뿐이다. 아도르노와 호르크하이머에 따르면 우리가 살고 있는 '지금', '여기'는 진보의 도식과 몰락의 도식 중 양자택일에 의해 평가될 수 없다. 저자들은 양자택일을 거부하면서 계몽-신화의 변증법적 관계의 도식을 제시한다. 현대적 야만은 충분하지 않은 진보나 몰락으로서의 역사 전개를 보여 주는 사례가 아니라, 계몽과 신화의 변증법적 관계를 보여 주는 사례이다.

『계몽의 변증법』의 핵심 테제 2: "계몽은 신화(체계)로 돌아간다"

계몽이 보기에 신화가 진보되지 않은 과거라면 탈신화화된 현대는 현재이자 미래의 모습이다. 자신이 탈신화화된 존재라고 주장하는 계몽의 입장에서 보면, 계몽과 신화는 질적으로 대립하는 상이한 원리이다. 하지만 첫 번째 테제 "신화는 이미 계몽이다"에서 저자들이 신화와 계몽의 얽힘을 주장했던 것처럼, 신화와 계몽의 얽힘은 계몽은 진보라는 주장이 아니라 계몽에 의한 진보는 사실은 퇴행이라는 두 번째 테제로 이어진다. '퇴행'은 선형적 역사관에 비추어 볼 때 '진보'와는 반대의 방향을 지칭한다. 선형적 시간관에 근거한 역사관에서 '미래'가 진보라면, 퇴행은 과거로 돌아가는 것이다. "계몽은 신화(체계)로 돌아간다"는 테제를 통해 저자들은 겉으로 진보를 추구하는 것처럼 보이는 계몽이 퇴행을 향해 달려감을 보여 준다. 이 테제는 '진보주의적 역사관'에 대한 비판이자, 계몽이 약속하는 진보에 대한 비판이다.

계몽은 자신이 비합리적인 신화와 달리 합리적이라고 주장하지만, 저자들은 계몽의 주장이 거짓임을 두 번째 테제를 통해 규명하고자 한다. 계몽은, 자신은 신화의 비합리적 세계와 구별되는 합리적 세계를 구축한다고 주장하지만, 사실은 계몽이 진행되면 될수록 "매 단계마다 더욱더 깊이 신화(체계)(Mythologie) 속으로"(34) 빠져 들어간다. 신화의 모든 요소들을 부수면 부술수록 계몽은 점점 더 신화적 흉포함을 닮아 간다. 현대적 야만은 바로 계몽이 신화(체계)(비합리성/이데올로기)로 변절함을 보여 주는 대표적인 사례이다.

『계몽의 변증법』의 기본 테제는 저작의 전체를 관통하는 방법론이다. 따라서 독자들은 이 두 테제가 어떻게 『계몽의 변증법』에서 입증되는지를 따라가야 한다. 성공적인 독해 여부는 이 두 테제의 관계를 이후의 구절들에서 파악할 수 있는가 없는가에 달려 있다. 우리는 이 기본 테제를 염두에 두면서 『계몽의 변증법』의 첫 번째 부분 "계몽의 개념"을 독해하고자 한다. "계몽의 개념"은 크게 세 부분으로 분류된다. 첫 번째 부분에서 저자들은 주술 세계와 구별되는 계몽의 세계에 나타나는 계몽의 원리를 설명한다.(21-42) 두 번째 부분에서 저자들은 계몽의 원리에 바탕을 둔 계몽의 언어를 분석한다.(42-60) 세 번째 부분은 계몽된 주체의 존재론을 다룬다. 세 번째 부분의 주요 테마는 자기유지의 존재론이다.(60-79)

탈마법화와 계몽의 원리

　"계몽의 개념"을 시작하면서 저자들은 계몽의 기획을 이렇게 요약한다. "진보적 사유라는 가장 포괄적인 의미에서 계몽은 예로부터 인간에게서 공포를 몰아내고 인간을 주인으로 세운다는 목표를 추구해 왔다. 그러나 완전히 계몽된 지구에는 재앙만이 승리를 구가하고 있다. 계몽의 프로그램은 세계의 '탈마법화(Entzauberung)' 였다. 계몽은 '신화(Mythen)' 를 해체하고 '지식(Wissen)' 에 의해 상상력을 붕괴시키려 한다." (21) 베이컨은 탈마법화/탈신화화를 통해 인간은 주인이 되고, 이를 통해 진보한다는 사상을 가장 극명하게 보여 주는 대표적인 사례이다. "베이컨은 자신의 이후에 올 학문 정신을 정확하게 알아맞혔다. 그가 염두에 두고 있는 사물의 본성과 인간 오성의 행복한 결혼은 가부장적인 것이다. 즉 미신을 정복한 오성이 '탈마법화된 자연' 위에 군림해야 한다는 것이다. …… 인간이 자연으로부터 배우고 싶어하는 것은 자연과 인간을 완전히 지배하기 위해 자연을 이용하는 법이다."(23)

탈마법화를 꿈꾸는 계몽은 자신의 세계와 신화에 내재된 주술적 세계(magische Welt)를 비교하고, 주술 세계로부터 멀어짐으로써 계몽의 세계를 완성하려 한다. 계몽의 원리는 주술 세계를 관통하고 있는 원리에 대한 부정에 다름 아니다. "세계의 탈마법화는 애니미즘을 뿌리 뽑는 것이다."(23) 주술 세계와 계몽화된 세계는 서로 화합될 수 없는 상이한 원리를 지니고 있다. 주술 세계가 카오스의 세계라면, 계몽의 세계는 체계의 세계이다. "계몽의 이상은 세부에 이르기까지 모든 것을 도출해 낼 수 있는 체계"(26)이기 때문에 계몽의 세계에서 카오스는 용납되지 않는다.

'체계' 구축이라는 계몽의 이상을 실현하기 위해 계몽은 주술세계에 남아 있는 비체계적 요소들을 제거한다. 이 과정이 바로 탈마법

베이컨.

화/탈신화화 과정이다. 계몽은 자신을 정당화하기 위해 주술 세계의 특징들을 이념형으로 구축하며, 그렇게 구축된 이념형의 안티테제로서의 자신의 세계를 제시한다. 계몽의 관점에서 볼 때 '다양성'이 나열되고 있고, 다양성을 관통하는 일관된 원칙을 발견할 수 없는 주술세계는 혼란스러운 세계이다. 따라서 계몽화는 혼란스러운 세계에 질서를 구축하는 과정과 동일하다. 저자들은 보편과학(Una scientia universalis)에 대한 베이컨의 요구나 플라톤의 이데아와 숫자에 대한 동경은 모두 이러한 계몽의 갈망이 표현된 예로 파악한다. 계몽은 다양성이 나열되어 있는 혼란스러운 주술 세계에 침투하여 통일화(Vereinheitlichung)를 꾀한다. 통일은 다양성을 구성하고 있는 각각의 요소가 설명되고 각각의 요소 사이의 관계가 법칙으로 파악될 때 발생한다. 따라서 계몽화된 세계에서 다양성을 구성하고 있는 요소를 설명할 수 있는 전제인 '인식론'은 무엇보다도 중요한 철학의 과제로 대두된다.

계몽은 수미일관한 체계를 꿈꾸기에 체계를 구성하는 요소들은 체계 속에서 적당한 위치를 차지해야 하며, 각각의 요소들은 체계와 유용한 기능적 관계를 맺어야 한다. 만약 어떤 요소들이 계몽이 추구하는 체계에 저항한다면 그것은 위험하다. 계몽의 전개과정은 "계산 가능성과 유용성의 척도에 들어맞지 않은 것"(25)을 제거하는 과정과 동일하다. 체계구축을 위한 탈마법화를 추구하는 동안 계몽은 계몽에게서만 발견되는 독특한 논리를 개발한다. 계몽의 독특한 논리는 자연-인간의 관계맺음 방식에서, 양(量)과 질(質)의 관계에서, 주체와 객체의 거리 유지에서 드러난다. 인간과 자연의 관계맺음에서 계몽적 관계맺음과 신화적 관계맺음은 다르다.

계몽은 자연을 단순한 객체의 지위로 전락시킨다. "계몽은 신화의 근본 원리를 신인동형론(anthropophismus), 즉 주관적인 것을 자연에 투사하는 것으로 파악했다. 초자연적인 것, 즉 신령들과 데몬들은 자연 현상에 겁을 먹은 인간의 자화상이라는 것이다."(26) 신인동형론이란 자연대상을 주체로 간주하고 주체로 간주된 자연에 신화적 의의를 부과하는 것이다. 주술적 무당은 신인동형론적 사고를 재현하는 대표적 인물이다. "무당의 의식은 바람, 비, 뱀, 병자 속의 마귀에게로 향한다. 소재나 견본으로 향하지 않는다. 주술을 행하는 것은 동일한 혼령이 아니다. 그는 여러 귀신과 흡사한 모습을 한 경배의 탈을 바로바로 바꿔 쓴다."(30-31) 신화세계에서 인간은 세계의 주인이 아니라 자연이 주인이며, 인간은 자연에 부속된 존재이다. 하지만 계몽은 그 반대의 입장을 취한다.

계몽의 세계에서 인간과 자연의 관계는 전도된다. 계몽의 세계에서는 인간과 자연의 관계 속에 '지배'라는 '목적'과 주체의 의도가 개입한다. 주체인 인간의 객체인 자연에 대한 지식 추구는 주체의 목적과 의도에 의해 지배된다. 인간은 자연을 지배하기 위해 객체인 자연을 인식한다. "계몽이 사물에 대해 취하는 행태는 독재자가 인간들에 대해 취하는 행태와 같다. 독재자는 인간들을 조종할 수 있는 한 사물들을 안다. 과학적인 인간은 그가 사물을 만들 수 있는 한 사물들을 안다. 이를 통해 즉자적인 사물은 인간을 위한 사물이 된다. 이러한 변화 속에서 사물은 언제나 동일한 것, 즉 지배의 대상이라는 데에 그 본질이 있는 것이다."(30)

주술세계에서 각각의 요소들은 다른 것으로 환원될 수 없는 특수자로 받아들여지기에 주술세계에는 다양성이 살아 있다. 하지만 계몽의 세계에서 사물은 질의 관점이 아니라 추상적 보편성으로 환원될 수 있는 양의 관점에서 판명된다. 주술에는 특수한 대표 가능성(spezifische Vertertbarkeit)이 있다. "적의 창이나 머리카락, 이름에 가해진 위해는 동시에 그 인물 자체에 대한 가해이며, 희생 제물은 신을 대신해서 도살되는 것이다. …… 딸을 대신해 바쳐진 암사슴이나 첫아들을 대신해서 바쳐진 양은 개체로서의 고유한 질을 갖고 있기는 하지만 그들은 이미 자신이 속한 유(類)를 대신하는 것이다. 그들은 임의적인 견본인 것이다. …… 견본은 교환 속에서 교환될 수 없는 것이다."(32) 주술 세계가 교환불가능성의 세계라면, 계몽의 세계는 '교환가능성'이 전일화되는 세계이다. 계몽의 세계에서 존재하는 모든 것들은 추상성에 의해 측정 가능한 대상이 되며, 계산 가능한 대상으로 변화된 존재자는 곧 교환의 대상이 될 수 있다. 계몽이 추구하는 과학은 특수한 대표 가능성의 메커니즘을 종결시킨다. "과학에는 특수한 대표 가능성이 없다. …… 대표 가능성은 보편적인 대체 가능성(Fungibilität)으로 바뀐다."(32) 주술세계에서는 사물의 질과 질이 관계를 맺으며, 질과 질 사이에 특수한 대표 가능성이 개입되지만, 계몽의 세계에서 자연은 특수한 질의 성격을 상실하고 주체인 인간의 계산 가능성에 따라 양으로 분할된다. 그 결과 "질을 상실한 자연은 양에 의해 분할된 혼란스러운 단순한 '소재'로 격하되고 전능한 자아는 단순한 가짐(haben), 즉 추상적인 동일성이 된다."(31)

주술세계에서 주체와 객체, 인간과 자연은 명확하게 구별되지 않는다. 인간은 자연의 일부이며, 인간의 세계는 자연세계로 투영된다. 그렇기에 인간은 자연을 흉내내며, 동시에 자연 속에서 인간을 발견하는 애니미즘이 등장한다. 계몽화된 세계에서 주체와 객체는 명확하게 구별된다. 주체는 객체와 거리를 유지할 때에만 객체를 지배의 관점에서 인식할 수 있기 때문이다. 주체가 객체에 너무 근접해 있으면 주체가 객체를 지배의 관점에서 파악할 수 없다. 주체는 객체에 동화되기 쉽기 때문이다. "자기 중심적인 사유는 미메시스적인 마법이

나 대상을 실제로 만나는 인식을 터부시했다." (38)

체계화를 꿈꾸는 계몽은 사물들이 뒤엉켜 있는 상태를 인식을 통해 정돈한다. 정돈을 위해 분화되지 않는 것은 "알려지지 않은 것"이며 "원초적인 것"이다. 체계를 수립하기 위해서는 사물을 분리해야 한다. 엉켜 있음은 허용되지 않는다. 그렇기에 계몽은 주체와 객체의 엉켜 있음을 허용하지 못한다. 추상화의 전제는 주체와 객체 사이의 거리 유지이다. 거리가 유지되지 않고 주체와 객체가 엉켜 있다면 계몽이 꿈꾸는 체계 구축은 불가능해진다.

주체와 객체 사이의 거리 유지를 꿈꾸는 계몽은 주체와 대상세계와의 '미메시스'를 금지한다. 대상세계와 주체의 미메시스적 교류는 대상을 지배하려는 목적에 의해 작동하지 않는다. 미메시스적 교류는 주체와 객체 사이의 엄격한 분리를 전제로 한 '의도의 관계(Beziehung der Intention)'가 아니라 주체와 객체가 '유사성의 관계(Beziehung der Verwandtschaft)'에 의해 엉켜 있을 때 가능하다. 주체와 객체가 맺고 있는 '친숙성'의 관계는 애니미즘의 주술적 세계에서, 어린아이의 인식 체계에서 드러난다. "주술의 단계에서 꿈과 형성은 사물의 단순한 기호가 아니라 유사성과 이름에 의해 사물과 직접 결합한다. 그 관계는 의도의 관계가 아니라 친숙성(유사성)의 관계 (Beziehung der Verwandtschaft)이다. 주술은 학문처럼 목적성

을 가지나 그 목적을 객체에 대한 진보된 거리가 아니라 미메시스를 통해 추구한다."(33)

유사성의 관계에 따른 주체와 대상 사이의 미메시스적 관계 맺음은 사랑의 관계와 유사하다. 사랑의 관계에서 주체와 객체는 분리되지만, 주체와 객체는 계몽적 관계처럼 엄격하게 분리되지 않는다. 주체와 객체가 엄격하게 분리된다면 사랑은 불가능하다. 사랑이란 어디까지나 주체와 객체 사이의 유사성을 지향하는 관계이기 때문이다. 사랑의 관계에서는 유사성에 의한 관계 맺음이 관계의 목표이다. 사랑의 관계에 관계 맺음 자체 이외의 목적과 의도가 개입되면, 그 사랑은 순수하지 않다. 또한 사랑의 관계에서는 '지배' 관계가 형성되지 않는다. 지배 관계가 형성된다면 그것은 사랑이 아니다.

계몽의 원리는 순수한 사랑이 아니라 정략 결혼에 가깝다. 계몽의 원리는 유사성을 지향하는 관계가 아니라 목적을 지향하는 관계이다. 정략 결혼은 유사성을 지향하는 사랑으로 맺어진 관계의 자연스러운 결과가 아니다. 정략 결혼에서는 결혼 자체가 관계의 목적이 된다. 정략 결혼이 성사되기 위해서는 주체와 객체 사이에 거리두기가 있어야 한다. 거리를 유지해야만 주체는 객체를 '특수한 대표 가능성'이 아니라 '보편적인 대체 가능성'에 따라 평가할 수 있다. 정략 결혼에는 어떠한 친밀성도 개입하지 않는다. 친밀성에 대한 갈망이 개입하면 정략 결혼은 성사될 수 없다. 정략 결혼은 어디까지나 냉정하고 차가운 '기능'과 '조건'들의 교환관계이다. 계몽의 논리는 사랑의 '원초성'을 '분리되지 않은 어리숙함'으로 치부하고, 정략 결혼을 정당화하는 냉혹한 인간의 논리와 유사하다.

계몽의 원리와 계몽의 언어

기호로 전락한 계몽의 언어

계몽의 원리는 계몽화된 언어에도 투영된다. 계몽의 원리에 의한 모든 변화는 인간의 문화적 창조물인 '언어'에 반영되어 있다. 계몽화된 언어를 사용하고 있는 계몽화된 사회에서 계몽의 원리는 특수 영역에만 드러나는 사례가 아니라 일상화된 원리로 작동한다. 기호(Zeichen)는 인간의 말을 표현하기 위한 매개이자 수단으로 출발했다. 하지만 계몽의 언어에서 기호는 인간의 말보다 중심적 지위를 차지한다. 기호는 인간의 말을 추상적 체계로 구축한 것이기에, 기호는 말보다 계몽의 원리에 더 잘 부합된다.

계몽의 언어는 이미지이자 소리로서의 성격을 갖는 언어

의 1차성을 거세한다. 계몽의 언어는 소리로서의 언어를 시각화한 기호를 우선시 하며, 이미지와 결부되어 있는 기호의 물질적 속성을 추상적인 기호체계로 대체한다. 계몽은 소리의 성격을 지닌 언어, 이미지의 성격을 지닌 언어는 발전하지 못한 언어라고 격하한다. 계몽이 추구하는 과학은 기호로서의 언어만을 인정하며, 소리이자 이미지로서의 언어의 특성은 예술에 국한된 것으로 치부한다. 그럼으로써 본래 멀티 미디어인 인간의 언어는 기호 텍스트의 언어로 제한된다.

기호로서의 언어는 자연을 인식하기 위한 계산의 도구가 되어야 하기에, 기호로서의 언어는 자연과 유사해지려는 요구를 포기해야 한다. 기호에 남아 있는 이미지적 성격은 인간과 자연의 미메시스적 관계의 흔적을 반영하는 것이기에, 상형문자는 자연과 유사해지려는 인간 충동의 잔여물이다.

따라서 계몽의 언어는 기호에 남아 있는 모든 미메시스적 흔적을 제거해야 한다. 이미지는 계몽의 언어가 지배하는 세계에서는 예술에 국한된 언어로 치부된다. 이미지는 시각예술의 언어이지만, 시각예술의 언어인 이미지는 자연의 모상이 되는 데 만족해야 하며, "자연을 인식할 수 있다는 요구는 단념해야 한다."(44) 계몽의 언어는 이렇게 자연을 인식하는 과학과 자연을 모방하는 예술 사이에 넘을 수 없는 심연을 구축한다.

기호로서의 언어의 등장: 과학과 예술의 분리

기호와 이미지의 분리로 생겨나는 심연은 계몽의 철학이 제기하는 '직관(Anschaung)'과 '개념(Begriff)'의 이분법으로까지 연장된다. "대부분의 경우 철학은 물론 철학이라는 이름을 유래시킨 개념의 편을 지지했다."(44-45) 플라톤은 개념과 직관의 이분법에서 개념을 철학에 배타적으로 귀속시키면서 직관의 영역에 있는 시인 추방을 주장했다. 언어가 기호의 체계로 축소되면서 이미지, 소리와 결부되어 있는 언어의 속성은 예술로 내쳐졌고, 예술은 다시 주술과 관련 있다는 이유로 철학을 통한 인식에 도달하지 못하는 것으로 치부되었다. 그리하여 미메시스의 능력은 예술에만 남아 있게 되었다. 하지만 미메시스의 능력을 여전히 소유하고 있다는 이유로 이성은 예술을 얕잡아 본다. 계몽은 과학을 찬양하지만 예술을 폄하한다.

기호와 형상의 분리는 모방(Nachahmung)과 동화(Angleichung)에 대한 금지와 회피로 귀결되었다. "모방은 유대인들에게서처럼 플라톤에게 있어서도 배척당한다. …… 동화에 의해 자연에 영향을 끼친다는 것은 헛일이 될 것이고, 자연은 오직 노동을 통해 지배될 것이라고 말한다."(45) 하지만 예술에는 계몽의 언어가 금지하는 모방과 동화의 능력이 남아 있다. 저자들은 바로 이러한 사실로부터 예술작품이 갖고 있는 계몽

비판의 가능성에 주목한다. 예술작품은 주술처럼 "세속적인 현존재의 관계망에서 벗어난 독자적이고 자기 완결적인 영역을 설정"(45)한다는 공통점을 지닌다. 예술작품이 계몽의 관계망에서 벗어난 자기 완결적인 영역을 갖고 있다는 점 때문에, 저자들은 계몽이 단순한 관조의 대상이라 폄하한 예술에 숨겨져 있는 가능성을 탐색한다. "주술사가 의식을 행할 때 먼저 신성한 힘들이 작용하게 될 장소를 주변 환경과 구분 짓는 것처럼, 각각의 예술작품은 현실과 구별되는 폐쇄적인 자신의 영역을 만들어낸다."(45) 현실과 구별되는 폐쇄적인 자신의 영역 내에서 예술작품은 "생동하는 존재들의 요소들을 스스로의 내부에서 지양시킴으로써 생동하는 존재와는 대립되는 순수한 형상"(46)이 된다.

이것이 바로 저자들이 주목하는 심미적 가상(ästhetischer Schein)이다. 『계몽의 변증법』에는 심미적 가상의 가능성에 대한 상세한 언급이 없지만, 심미적 가상을 통한 계몽 극복 가능성에 대해서 아도르노는 이후의 미학 저서에서 지속적으로 탐색하였다. 계몽은 예술에 내재한 계몽비판의 가능성을 봉쇄하기 위해 예술을 도구화한다. 계몽화된 사회에서 예술은 신앙을 위한 공간을 확보하기 위해서 용인된다. 예술이 반계몽적 성격을 지니는 것처럼, 신앙 또한 반계몽적 성격을 지니는 것처럼 보인다. 하지만 예술과 계몽의 관계와 계몽과 신앙의 관계는 다르다. 예술은 계몽에 저항하려 하지만, 신앙은 계몽과 결탁한다. 그것이 신앙의 역설이다.

계몽화된 언어와 지배

계몽의 언어는 지배의 완성을 보여 주는 또 하나의 사례이다. 저자들은 주술사의 언어와 계몽의 언어를 비교한다. "마나(Mana)를 탄생시킨 모태인 전율은, 민속학을 통해 만날 수 있는 어느 곳에서나, 적어도 부족 원로들에 의해 이미 승인되었다. 형체 없이 흘러 다니며 동일화가 불가능한 '비동일적인' 마나는 사람들에 의해 고정되며 강제로 물질화한다."(48) 마나는 인간의 일상적인 힘을 초월하여 모든 것에 작용하는데, 그 힘은 언제나 그것을 행사하는 사람과 결합되어 있어 어떤 추장이 주문(呪文)에 의하여 비를 내리게 하거나, 어떤 무기로 강적을 넘어뜨렸을 경우 추장이나 무기에는 마나가 있다고 생각한다. 마나는 경험적으로 설명할 수 없는 힘이나 어떤 지위 또는 권위를 가진 사람의 특수한 힘과 능력이다. 계몽은 마나를 고정하여 무력화시키려 한다.

계몽의 언어는 "형체 없이 흘러 다니며 동일화가 불가능한 비동일적"인 마나와 달리 반복을 통해 지배를 계획한다. 계몽화된 언어에서 '상징'은 "반복되는 자연"이며, 상징 속에는 "항구화된 사회적 억압"이 숨어 있다. 계몽의 언어는 기호의 보편성을 내세우며, '개념' 의 구축을 목표로 설정한다. 개념은 특수한 것들, 보편적이지 않은 것들을 제거할 때 가능하다.

따라서 계몽화된 언어의 개념 체계 속에서 개별자는 아직 개념화되지 않은 특수자에 불과하다. 개별자는 보편적 개념으로까지 발전하지 못한 하위 영역이다. 보편자는 개별자보다 상위에 있으며, 그렇기에 개별자는 보편자에 복종해야 한다. 보편자와 개별자의 관계는 지배종속의 관계가 된다. "개별자에 대해 지배는 보편자로서, 현실적 이성으로 등장한다."(50) 계몽적 언어를 사용하는 사유 형식 속에는 "직접적인 사회적 보편성과 연대감" 이 아니라, "집합성과 지배의 통일체"가 숨어 있다. 시민사회의 소통 수단으로서 언어가 '보편성' 을 획득하면, 언어는 개인을 표현할 수 없다. "비당파적인 과학적 언어에서는 그렇지 않아도 무기력한 언어가 표현을 끌어낼 수 있는 힘을 완전히 잃어버리게 되며, 현존하는 것만이 자신의 중립적인 기호를 찾아낸다."(51)

계몽의 언어가 보편성에 포획된 결과, 언어는 개별성 표현에 서툴러진다. 개별성에 대한 표현의 서투름은 '고유명사' 에서 극에 달한다. "유명론적 경향을 띠는 계몽은 명사, 즉 넓이를 갖지 않으며 점과 같은 개념인 고유명사 앞에서 정지한다."(52) 유대인들은 하느님의 이름을 부르지 않는다. 아니유대인들에게 하느님은 언어로 표현해서는 안 된다. 왜냐하면 하느님은 절대적인 고유명사이며, 절대적인 고유명사일 수밖에 없는 하느님이 인간의 언어로 표현되는 순간 그 절대성은 훼손되기 때문이다.

유대인의 우상금지(Bilderverbot) 계율은 고유명사에 대한 존중과 유사하다. "유대교는 오로지 거짓된 것을 신이라 부르고, 유한한 것을 무한한 것이라 부르며, 거짓을 참이라 부르는 것의 금지에 희망을 연결시킨다."(52) 계몽의 언어는 하느님을 인간의 언어로 표현하는 신성모독이다. 절대적 지배자인 하느님의 지위를 찬탈하여 자연을 자신의 지배 하에 둠으로써 절대자가 되려는 계몽은 신성모독의 죄를 범하고 있다.

고유명사를 구원하기 위해 유대교의 우상금지 계율은 부활되어야 하는 것일까? 저자들은 유대교적 근본주의와 거리를 유지한다. 계몽의 언어에 포섭되지 않으면서도, 동시에 유대교의 근본주의로 회귀하지 않기 위해서 가능한 발화의 방법으로 저자들은 특정한 부정(bestimmte Negation)을 제시한다. "특정한 부정은 헷갈리게 하는 수동적 관조와 반대되는 지고한 추상 개념을 금과옥조처럼 받들고 있지도 않고, 참이건 거짓이건 전부 아무것도 아니라고 말하는 회의주의에 빠지지도 않는다. 특정한 부정은 엄숙주의(Rigorismus)와는 달리 절대자에 대한 불완전한 개념, 즉 우상들을 비난하는데,

이것은 우상에 대해 그 우상이 충족시킬 수 없는 이념을 대결시킴으로써 이루어진다."(53)

언어가 보편성을 사칭한다면, 특정한 부정은 보편성을 사칭하는 언어(우상)가 표현할 수 없는 것(개별성)을 제시하는 진술방식이자 사유방식이다. 특정한 부정은 변증법적이다. "변증법은 형상의 고유한 특성으로부터 그 형상의 허위성을 읽을 수 있도록 가르쳐 주며, 이렇게 함으로써 형상이 갖고 있는 힘을 빼앗아 그 힘을 진리에 귀속시킨다."(53)

법칙에 복종하는 사유는 '희망'을 이야기할 수 없다

계몽은 수학적 사고를 한다. 수학적 사고란 법칙에 따른 사고이다. 수학적 사고는 "공식에 들어맞지 않은 것, 즉 비분해성이나 비합리성이 수학적 원리에 의해 왜곡되는 것"(54)이며, 계몽은 "사유와 수학을 일치시키려 하는 것"(54)이다. 계몽의 세계에서 수학적 사유는 "사유의 의식"이 되었고, "수학적 방식은 사유를 사물로, 즉 도구로 만드는 것이다."(54) 실증주의는 현실에 대한 긍정의 철학이다. 수학적 세계에서는 법칙에서 벗어난 것은 인정되지 않는다. "현존하는 속박의 틀로부터 빠져나가려는 것은 과학적 정신에게는 미친 짓이나 자기 파괴로밖에 여겨지지 않는다."(56)

사유의 메커니즘이 존재하는 것을 승인하고, 존재하는 것에 굴복하면 할수록 사유는 "맹목적으로 존재자의 단순한 재생산에 만족한다."(57) 존재자를 단순하게 재생산하는 계몽의 사유는 신화의 사유와 동일하다. "신화는 자신의 형상 속에 기존 세계의 정수, 즉 순환, 운명, 세계의 지배를 진리의 형태로 반영함으로써 희망을 체념하기 때문이다."(58) 그러므로 "이로써 계몽은 신화로 돌아가지만 새로운 신화로부터 빠져나올 방도를 계몽은 결코 알지 못했다."(57) 계몽의 언어가 빚어낸 가장 큰 죄는, 인간의 언어를 법칙화시킴으로써 언어로부터 부정의 가능성을 체계적으로 배제하였다는 점이다. 부정을 표출할 수 없는 계몽화된 인간의 언어는 억압을 표현하지 않으며, 억눌린 자의 목소리는 계몽의 언어 속에 담겨 있지 않다. 계몽의 언어는 진실한 의미를 발표하는 대신 지배의 도구로 전락한 것이다. "사유를 수학적 장치로 환원하는 것 속에 숨겨져 있는 것은 있는 그대로의 세계에 대한 승인이다."(57)

계몽의 존재론, 자기유지와 자연지배

　계몽적 주체는 신화와 자연으로부터의 분리를 통해 형성된다. 계몽적 주체는 자연의 모든 흔적을 신화와 결부되었다는 이유로 제거하며, 자연의 흔적을 제거한 주체는 초월적이며 논리적인 주체로 승화된다. 이로부터 계몽된 주체는 '자기유지'의 목적을 수행한다. "자아를 상실할 것 같은 불안, 자아를 잃어버림으로써 자신과 다른 삶과의 경계가 지워져버릴 것 같은 불안, 그리고 죽음과 파괴에 대해 느끼는 두려움은, 매 순간 문명을 위협하고 있는 행복으로의 약속과 짝을 이룬다."(67)

　자기유지에 대한 강박과 자기유지의 중요성은 자기유지의 담지자인 계몽적 주체의 출현과정에 뿌리를 두고 있다. 자기

유지는 공포에 기반을 두고 있다. 강압적인 자기유지는 자기유지의 주체가 자연과의 강압적인 분리과정을 거치며 형성되었기 때문에 생겨난다. 자기유지는 양자택일의 논리이다. 자기유지의 양자택일은 지배할 것인가, 아니면 지배당할 것인가 둘 중의 선택이다. "계몽의 본질은 양자택일인데 이 양자택일이 불가피하다는 것은 지배가 불가피하다는 것과 같다. 인간은 언제나 자신을 자연 밑에 굴복시킬 것인지 아니면 자연을 자신의 지배 하에 둘 것인지를 선택해야 했다."(65)

인간관계에서도 이 양자택일은 통용된다. "자기유지는 항상 또다시 생존이냐 파멸이냐를 선택해야 하는 절박한 순간에 놓이게 되는데, 이러한 선택은 두 개의 모순되는 명제 중에서 하나만이 참이고 다른 하나는 거짓이라는 원리에 반영된다."(62) 자연으로부터 분리된 자기유지에 대한 강박에 사로잡혀 있는 계몽적 주체에게 '진보'는 자연으로부터의 분리의 지속과 확장을 의미한다. '진보'에 대한 강박은 "저 단순한 자연으로 도로 돌아갈지 모른다는 두려움"(63)에 연결되어 있다.

진보에 대한 집착은 시간을 과거–현재–미래로 3분하는 형식을 낳는다. "시간을 삼분하는 도식은, 과거의 위력을 반복될 수 없는 절대적 경계 뒤로 밀어내고는 그 힘을 현재를 살아가는 데 유용한 지식으로 만듦으로써, 현재의 순간을 과거의 위력으로부터 해방시키기 위한 것이다."(65) 잘 알려진 헤겔의 주인과 노예의 변증법을 인용하면서, 저자들은 헤겔의 변증법을 변형시킨다. 헤겔은 노예가 노동을 통해 주인이 될 수 있는 가능성에 주목하지만, 저자들은 헤겔과 달리 노동과 지배가 결탁되어 있는 상황에서 '노동'은 구원이 아님을 주장한다. "그가 자기 포기의 유혹에 굴복하지 않는 것처럼, 자본가로서 그는 노동에의 참여를 포기해야 하며 결국에는 경영권마저 가질 수 없게 된다. 반면 선원들은 사물과 아무리 가까이 있더라도 노동을 향유할 수는 없다. 왜냐하면 강압 밑에서 절망적으로 이루어지는 노동은 폭력에 의해 가두어진 의미만을 지니기 때문이다."(69)

노동에 대한 이러한 해석은 마르크스주의 철학과의 거리를 보여 준다. 마르크스주의 철학은 노동자계급의 당파성을 옹호하기 위해 노동을 인간 행위의 핵심 범주로 격상시킨다. 하지만 저자들이 볼 때 이것은 잘못된 것이다. 현대 사회의 노동은 '진보'를 위해 동원되지만, 노동은 결코 개선을 위한 도구가 아니라, 노동을 하면 할수록 인간은 끊임없이 퇴행하기 때문이다. "서로 이야기를 나눌 수 없게 되어 있는 노 젓는 사람들은 한 사람 한 사람이 공장, 영화관, 그리고 공동체 속에 있는 현대의 노동자와 동일한 리듬 속에 묶여 있다. 의식적으로 영향력을 행사하지 않더라도 사회 내의 구체적인 노동 조건들은 획일화를 강요한다. 의식적인 영향력 행사는 다만 추가적으로 억압받는 사람들을 바보로 만들고 진리에 접근하지 못하도록 할 뿐이다."(71-72)

계몽적 사유는 감각적 세계에 대한 경험, 예술의 직접성을 지각할 수 있는 능력의 퇴행을 가져온다. 행정의 목적을 위한 사유, 관리를 위한 사유, 지배자의 사유가 복잡하고 정교해질 수록 "육체가 가지고 있는 체험 능력은 점점 빈곤해진다."(71) 그리하여 진보가 지속될수록, 다른 한편에서는 끝없는 퇴행이 이뤄진다. "오늘날 대중의 퇴행은 들을 수 없는 것을 자신의 귀로 듣고 붙잡을 수 없는 것을 자신의 손으로 만질 수 있는 능력의 결핍을 의미한다. 이러한 퇴행은 결국 모든 정복된 신화들을 다시 해체해 버리는 새로운 형태의 현혹이다."(71) 유적 존재로서의 인간은 언제든지 교환가능한 인간으로의 전락을 의미하며, 개체는 개성을 박탈당한다.

계몽은 자연으로부터의 도피이며 자연지배이다. 하지만 계몽은 부조리이다. 자연의 폭력으로부터 인간이 벗어나면 벗어날수록, 즉 계몽되면 계몽될수록 해방을 꿈꾸었던 인간은 계몽이 만들어 낸 체계의 폭력에 휘둘리기 때문이다. 계몽의 궤적 속에서 사유는 자연과의 연계를 망각한다. 그러므로 저자들에게 사유는 '망각된 자연'에 다름 아니다. 그렇기에 계몽의 계몽 가능성은 "주체 속에 있는 자연의 기억"(76)이다. "자신과 분리된 자연인 정신의 자기 인식 속에서 자연은 선사 시대와 같이 스스로에게 말을 건다. 그러나 자연은 더 이상 전능함을 의미하는 마나와 같은 별칭을 통해 직접 자신을 드러내는 것이 아니라, 눈먼 불구의 모습으로 나타난다. ······ 스스로 지배임을 고백하고 자연 속으로 퇴각하는 결단을 통해 정신은 자신을 바로 자연의 노예로 만드는 지배로의 요구를 분쇄할 수 있다."(75-76)

'계몽의 계몽' 가능성은 앞으로 나아감에 대한 강박 자체가 철폐될 때 시작될 수 있다. '계몽의 계몽'으로 제안된 '주체 속에 있는 자연의 기억'은 과거로의 낭만적인 회귀 주장이 아니다. 진보가 계몽이 제안한 해결책이라면, 낭만주의의 해결책은 퇴행이다. 저자들은 계몽의 계몽 가능성은 낭만주의자들과의 타협으로 불가능하다고 파악한다. "계몽은 낭만주의자들과 마지막 남은 타협마저 거부하고 잘못 절대화된 맹목적 지배의 원리를 철폐하려 시도할 때 비로소 자기 본연의 모습을 찾을 것이다. 이와 같은 불굴의 이론을 추구하는 정신이라면 무자비한 진보의 정신마저 자신의 (철폐) 목표로 끌어올 수 있을 것이다."(78-79) 계몽의 지양은 계몽의 자기완성으로 가능하다. 계몽의 자기완성은 지배로부터의 해방이다. 계몽은 자연의 지배로부터 해방되기 위해, 계몽의 체계라는 무기를 발명했고, 이 무기를 통해 자연으로부터 해방되었다. 하지만 이러한 사이비 해방이 야만임을 현대의 역사는 증명하고 있다. '계몽의 계몽'을 위해서는 계몽의 체계에 대항하는 또 다른 체계의 수립이 아니라, 계몽이 완성됨으로써(즉 해방이 달성됨으로써) 스스로를 지양하는 방법을 추구해야 한다. 지배가 종결된 사회에서 계몽에 대한 강박은 잉여일 뿐이다.

"부연설명 1:
오디세우스 또는
신화와 계몽"에 대한 주석

『계몽의 변증법』과 『오디세이아』

저자들이 "계몽의 개념"에서 논의한 계몽의 원리는 두 개의 사례를 통해 부연설명된다. 계몽의 원리가 부연되는 첫 번째 사례는 『오디세이아』의 주인공인 오디세우스의 여행이다. 서양의 대표적 고전이자, 많은 문학작품에 영향을 주었던 『오디세이아』에 대한 부연설명은 단순한 문학비평의 의미를 넘어선다. 저자들에게 『오디세이아』의 주인공 오디세우스는 "시민적 개인의 원형"(81)이다. 따라서 아도르노와 호르크하이머의 『오디세이아』에 대한 부연설명은 문학작품에 대한 해석이 아니라 계몽의 형성과정에 대한 분석이다.

아도르노와 호르크하이머에게 『오디세이아』는 "계몽의 변증법에 대한 증거"(80)이다. 저자들이 볼 때 『오디세이아』

는 신화와 연결되어 있지만 단순한 신화가 아니다. 흔히 『오디세이아』를 신화 모음집이라 이해하는 것과 달리, 저자들은 『오디세이아』는 근대적 저자인 호머에 의해 집필된 '서사시'라는 측면을 강조한다. "신화와 서사시는 전혀 별개의 개념이다. 이들은 역사적 발전 과정의 상이한 두 단계를 각각 대변하는 것으로서, 이러한 발전 과정은 호머가 구전되어 오던 설화를 편집하는 과정에서 봉합한 이음새들을 잘 살펴보면 알 수 있다.

호머의 어투는 '언어의 보편성'을 미리 가정하고 있지 않음에도 불구하고 그러한 것을 창조해 낸다."(80) 보통 『오디세이아』는 신화 모음집이기에 이 책은 신화적 세계를 재현하고 있다고 해석되지만, 저자들은 호머는 구전으로 전해 오던 설화를 편집하면서 근대적 개념의 저자의 목소리를 끼워 넣으며 봉합했다는 점에 주목한다. 따라서 저자들이 보기에 『오디세이아』는 계몽 이전의 신화 이야기가 아니라 "이미 정돈하는 이성에 의해 만들어진 작품"(81)이며, 구전으로 전해 오는 설화를 편집하는 호머의 방식은 이미 계몽의 원리를 구현하고 있는 저자의 계몽적 태도를 독해할 수 있는 텍스트가 된다. 저자들이 볼 때 서사시 『오디세이아』에는 신화적 인물들이 등장하지만, 저자 호머가 『오디세이아』에 투사하는 세계는 신화의 세계가 아니라 계몽의 세계이다. 호머의 『오디세이아』는 "거울을 비추듯 신화를 있는 그대로 재현하는 합리적 질서의 힘으로 신화를 파괴"(81)하는 계몽의 작품이다.

계몽을 지고한 정신의 보편적 운동으로 해석하는 니체의 관점을 수용하면서, 저자들은 계몽의 기원은 일반적 해석처럼 근대의 산물이 아니라 훨씬 그 이전으로까지 거슬러 올라간다는 점을 지적한다. "지금까지 역사의 일반적 견해는 시민이라는 개념을 중세 봉건 사회의 말기에서 출발시키지만, 사실 이성이니 자유니 시민이니 하는 관념들은 그보다 훨씬 이전까지 거슬러 올라간다."(82)

그런 점에서 호머의 『오디세이아』는 "신화는 이미 계몽이다"라는 테제를 부연설명하기에 적당한 텍스트이다. 계몽의 개념이 역사의 시원으로까지 올라간다는 저자들의 주장은 이중적인 효과를 지닌다. 첫 번째로 그러한 해석은 계몽의 원리가 특정한 역사적 단계의 산물이 아니라, 역사의 출현과 함께 시작된 것이라는 주장을 가능하게 한다. 또한 이러한 해석은 계몽주의자들이 계몽이 진보라는 것을 입증하기 위해, 계몽의 자랑스러운 산물로 제시하는 '이성', '자유', '시민'과 같은 개념이 근대의 진보적 결과가 아니라는 것을 입증하는 셈이다. 그러므로 오디세우스 해석은 과거에 대한 해석이면서 동시에 계몽이 지배하고 있는 현재에 대한 해석이다.

오디세우스의 여행과 계몽적 주체의 형성

　　오디세우스는 이타카의 왕 라에르테스(Laertes)와 아우톨리코스(Autolykos)의 딸 안티클레이아(Antikleia)의 아들로 페넬로페(Penelope)의 남편이자 텔레마코스(Telemachos)의 아버지이다. 트로이의 왕자 파리스(Paris)가 트로이로 도주하자, 헬레네의 남편인 메넬라오스(Menelaos)가 오디세우스에게 트로이 원정 참가를 명령한다. 트로이 전쟁에 참여한 오디세우스는 임무를 완수하고 아내 페넬로페가 기다리는 고향 이타카로 돌아간다. 『오디세이아』는 오디세우스가 고향으로 돌아가는 길에서 벌어지고 있는 에피소드들의 모음이다.

　　저자들은 『오디세이아』에 등장하는 다양한 신화적 힘과 대결하는 오디세우스의 모습을 계몽의 원리에 대한 부연설

『오디세이아』의 근대성.

	신화적 인물	『오디세이아』의 에피소드	오디세우스가 구사하는 책략	『오디세이아』의 쪽수
여행	사이렌	12	노동과 향유의 분리, 예술의 중성화	205-220
	폴리페모스	9	형식주의, 유명론, 교환원리	143-162
	키르케	10	관능적 쾌락에 대한 금기와 사회적 해결책으로서의 문명적 결혼	163-182
	로토파겐	9	진보, 노동을 통한 유토피아 실현	163-182
귀향	페넬로페	19	가부장제와 여성과 남성의 계약	333-354

명이라는 관점에서 상술한다. 저자들은 부연설명에서 『오디세이아』에서 오디세우스가 귀향길에서 마주치는 사이렌, 폴리페모스, 키르케와 같은 신화적 힘들과 대결할 때 동원하는 방책을 계몽 원리의 원형이라는 점에서 재해석한다. 오디세우스는 귀환 길에서 마주치는 신화적 힘들과 대결하기 위해 여러 책략을 구사하는데, 저자들이 보기에 계몽화된 사회는 오디세우스의 책략이 내재화된 사회이다. 고향 이타카로 돌아가는 오디세우스의 여행은 "주체가 신화적 힘들로부터 도망쳐 나오는 도정에 대한 묘사"(84)이다.

---

1) 호메로스, 천병회 역, 『오디세이아』, 단국대학교 출판부, 2000.

오디세우스는 고향으로 돌아가는 여행길에서 온갖 종류의 신화적 힘과 부딪히고, 신화적 힘과의 대결을 통해 굳건한 주체로 성장한다. 바로 이 과정은 계몽적 주체가 형성되는 과정에 대한 알레고리이다. "트로이로부터 이타카로의 험난한 귀향길은 자연의 힘에 비해 육체적으로 무한히 허약하며, 이제 자아의식 속에서 서서히 형성되는 자아가 신화를 통과하는 길이다."(85)

귀향은 오디세우스가 어떤 고난을 겪더라고 반드시 수행해야 하는 과제이다. '진보'를 절체절명의 원칙으로 설정하는 계몽처럼 오디세우스는 반드시 신화적 힘들로 둘러싸인 바다 길을 통과하여 고향으로 돌아가야 한다. 저자들에게 오디세우스는 계몽을 추구하는 인간이며, 오디세우스가 여행에서 부딪히는 신화적 힘은 계몽되기 이전의 단계를 의미한다. 신화적 힘들은 오디세우스를 죽음으로 위협하거나 혹은 그곳에 머무르게 함으로써, 계몽적 주체의 형성을 막아내는 요인들이다. 따라서 저자들이 보기에 오디세우스는 항해를 하면 할수록, 항해 과정에서 신화적 힘을 극복하면 극복할수록 계몽적 주체의 원리를 내면화한 계몽적 인간으로 완성된다.

오디세우스가 여행길에서 부딪히는 신화적 힘들은 오디세우스보다 강하다. 오디세우스는 자신보다 힘이 강한 신화적 힘들을 극복해야만 고향으로 돌아갈 수 있다. 오디세우스가 연약한 인간 주체라면 오디세우스를 위협하는 신화적 힘들은 인간을 지배하고 있는 자연이다. 오디세우스의 귀향은 곧 그가 위협적인 자연을 극복했음을 의미한다. 따라서 오디세우스의 귀향길은 인간과 자연이 미메시스적 관계를 청산하고 지배종속 관계를 맺는 여정에 대한 알레고리이다.

오디세우스가 여행길에 부딪히는 상황은 "자아는 자신을 해체하고 눈먼 자연으로 돌아가는 것에 완강히 저항하지만 자연은 그 대가로 끊임없는 희생을 요구"(94)한다. 계몽적 자아의 원형 오디세우스는 귀향하기 위해 "눈먼 자연으로 돌아가는 것(유혹)"에 완강히 저항한다. 오디세우스는 자연으로 돌아가는 퇴행을 완강히 거부하고 고향으로 돌아가는 진보의 길을 택하지만, 오디세우스를 둘러싼 신화적 자연은 자연에 굴복하지 않는 오디세우스를 끊임없이 굴복시키려 한다. 유약한 인간 오디세우스는 이 신화적 힘들과 힘으로 대결을 벌일 수 없다. 만약 오디세우스가 진보를 위해 자연과 힘의 대결을 벌인다면, 오디세우스는 생명을 잃을 것이다. 따라서 오디세우스는 자연과 정면 대결하지 않고 우회로를 택한다. 그것이 '책략'이다.

오디세우스는 도처에서 마주치는 낯선 신화적 힘들과는 결코 물리적인 힘으로 겨루려 들지 않는다. 그는 희생 의식을 형식적으로나마 자신의 이성적 결단을 위한 전제 조건으로 만든다. "꾀가 생긴 자는 외부에 있는 힘처럼 자신 또한 탈마법화 시킬 때, 즉 그 자신의 꿈을 지불하는 대가로만 살아남을 수 있는 것이다."(99) 신화적 형상들은 강제성의 형상이다. 오디세우스는 이런 신화적 상황에 대항한다. 하지만 그는 신화적 힘 앞에 굴복하여 자신을 송두리째 포기하여 자기를 희생하지도 않으며 신화적 힘과 물리적으로 싸우지도 않는다. 그는 책략으로 자기유지를 꾀한다.

　책략으로 수행되는 희생의 원리는 체념의 역사이다. 저자들은 문명의 역사를 "희생이 내면화되는 역사"(95)로 파악한다. 거짓 희생은 자신의 삶 전체를 희생하지 않는다. 책략으로 기획된 희생, 고안된 희생은 자기유지를 위해, 즉 자아를 유지하기 위해, 자신의 삶을 분리시키고 분리시킨 삶의 일부분을 희생하면서 마치 전체를 희생하는 듯한 가상을 꾸며낸다. 그러므로 희생은 책략인 것이다. "인간의 자기 자신에 대한 지배는 자아라는 것을 만들지만, 지배가 봉사하고자 하는 바로 그 주체를 파괴할 소지를 언제나 잠정적으로 지니고 있다. 왜냐하면 자기 유지를 가능하게 하는 것은 바로 이 삶의 기능이며 유지되어야 할 무엇도 바로 이 삶이지만, 지배당하고 억압당하며 자기 유지에 의해 해체되는 것은 바로 생동하는 삶 자체이기 때문이다."(95) 체념을 통한 희생은 주체의 내부로 옮겨지면서 '책략'의 형식을 취하게 된다.

오디세우스의 책략과 계몽의 원리

사이렌과 오디세우스의 계몽의 간계

    사이렌 자매는 스킬라(Sklylla)와 카립디스(Charybdis)에 가까운 섬에 사는 요정들이다. 사이렌 자매는 아름다운 노래로 지나가는 사람들을 유혹한다. 사이렌 자매가 부르는 노래는 너무나 아름다워서, 그 노래를 듣는 사람들은 모두 미쳐 물속으로 빠지고 만다. 오디세우스 일행은 사이렌 자매가 노래를 부르는 곳을 지나가야 한다. 귀향하려는 목적을 지닌 오디세우스에게 사이렌의 유혹은 치명적이다.

    키르케는 오디세우스에게 이렇게 경고한다.

    그대는 지금 내가 그대에게 말하는 그대로 들으세요. 그리고 어

떤 신이 친히 그대에게 그것을 상기시켜 줄 거예요. 그대는 먼
저 사이렌 자매에게 가게 될 것인데 그들은 자기들에게 다가오
는 인간들은 누구나 다 호리지요. 누구든지 영문도 모르고 가까
이 다가갔다가 사이렌 자매의 목소리를 듣게 되면, 그의 아내와
어린 자식들은 더 이상 집에 돌아온 그의 옆에 서지 못할 것이
며 그의 귀향을 반기지 못할 거예요. 사이렌 자매가 풀밭에 앉
아 낭랑한 노랫소리로 그를 호릴 것인즉, 그들 주위에는 온통
썩어가는 남자들의 뼈들이 무더기로 쌓여 있고 뼈 둘레에서는
살갗이 오그라들고 있지요.

-『오디세이아』, 206

오디세우스는 딜레마에 빠져 있다. 고향으로 돌아가려면

사이렌.

사이렌 자매가 지키고 있는 길을 지나가야 한다. 하지만 사이렌 자매의 유혹에 빠지면 그는 다시는 고향으로 돌아갈 수 없다. 하지만 키르케는 오디세우스에게 사이렌 자매의 유혹에 빠지지 않고도 고향으로 돌아갈 수 있는 간계를 알려준다.

> 그대는 얼른 그 옆을 지나가되 꿀처럼 달콤한 밀랍을 이겨서 전우들의 귀에다 발라 주세요. 다른 사람은 아무도 듣지 못하도록 말예요. 그러나 그대 자신은 원한다면 듣도록 하세요. 그러나 그대는 돛대를 고정하는 나무통에 똑바로 선 채 전우들로 하여금 날랜 배 안에다 그대의 손발을 묶게 하되, 돛대에 밧줄의 끄트머리를 묶도록 하세요. 그러면 그대는 즐기면서 사이렌 자매의 목소리를 듣게 될 거예요. 그리고 그대가 풀어 달라고 전우들에게 애원하거나 명령하면 그들이 더 많은 밧줄로 그대를 묶게 하세요.
>
> ―『오디세이아』, 206-207

키르케의 충고에 따라 오디세우스는 전우들에게 사이렌의 매혹적인 노래에 유혹받지 않기 위하여 자신의 몸을 묶도록 명령한다.

> 친구들이여, 여신들 중에서도 고귀한 키르케가 내게 말해 준 신탁들은 한두 사람만이 알고 있어야 하는 것이 아닌 이상 나는

그것들을 말하겠소. 우리가 그것을 알고서 죽거나 아니면 죽음과 죽음의 운명을 피하고 벗어날 수 있도록 말이오. 그녀는 먼저 우리더러 놀라운 사이렌 자매의 목소리와 그들의 꽃이 핀 풀밭을 피하라고 명령했소. 그러니 그대들은 내가 돛대를 고정하는 나무통에 똑바로 선 채 그 자리에서 꼼짝하지 못하도록 나를 고통스런 밧줄로 묶되 돛대에 밧줄의 끄트머리를 묶도록 하시오. 그리고 내가 그대들에게 풀어 달라고 애원하거나 명령하거든 그 때는 그대들이 더 많은 밧줄로 나를 꼭꼭 묶으시오. 이렇게 말하고 나는 전우들에게 모든 것을 일일이 설명해 주었소. 그 사이에 우리의 잘 만든 배는 재빨리 두 사이렌 자매의 섬에 이르렀소. 부드러운 순풍이 그것을 몰아다 주었던 것이오. 그러자 금세 바람이 자더니 바다는 바람 한 점 없이 잔잔해졌소. 어떤 신이 너울을 잠재웠던 것이지요. 그러자 전우들이 일어서서 배의 돛을 말아 속이 빈 배 안에다 넣고는 노 옆에 앉아서 반들반들 깎은 전나무 노로 물에 흰 거품이 일게 했소. 나는 날카로운 청동으로 크고 둥근 밀랍 덩어리를 잘게 잘라내 튼튼한 두 손으로 그것을 이겼소. 그러자 밀랍이 금세 데워졌으니 내 힘과 고공의 아들 헬리오스의 광선이 그렇게 되도록 강요했던 것이오. 나는 순서대로 모든 전우들의 귀에다 그것을 발라 주었소. 그리고 그들은 배 안에서 돛대를 고정하는 나무통에 똑바로 서 있는 나의 손발을 동시에 묶고 돛대에 밧줄의 끄트머리를 매더니, 그들은 앉아서 노로 잿빛 바닷물을 쳤소. 사람의 고함 소리가 들릴 만한 거리만큼 떨어졌을 때 우리는 재빨리 내달았소. 그러나 사이렌 자매도 자기들을 향하여 가까이 다가오는 날랜 배를 못 볼 리 없는지라 낭랑한 노랫소리를 울리기 시작했소. 자 이리 오세요. 칭찬을 많이 듣는 오디세우스여, 아카이아 인들의 위대한 영광이여. 이곳에 배를 세우고 우리 둘의 목소리를 듣도록 하세요. 우리 입에서 나오는 감미롭게 울리는 목소리를 듣기 전에 검은 배를 타고 이 옆을 지나간 사람은 아직 아무도 없어요. 천만에 그 사람은 즐기고 나서 더 많은 것을 알아 가지고 돌아가지요. 우리는 넓은 트로이아에서 아르고스 인들과 트로이아 인들이 신들의 뜻에 따라 겪었던 모든 것을 알고 있으며, 풍요한 대지 위에서 일어나는 것은 무엇이든 다 알고 있으니까요. 이렇게 그들이 고운 목소리를 내며 말하자 내 마음은 듣고 싶어했소. 그래서 나는 전우들에게 눈짓으로 풀어 달라고 명령했소. 그러나 그들은 몸을 앞으로 굽히며 힘껏 노를 저었소. 그리고 페리메테스와 에우릴로코스가 당장 일어서더니 더 많은 밧줄로 나를 더욱더 꽁꽁 묶었소. 우리가 배를 몰아 그들 옆을 지나가고 사이렌 자매의 목소리와 노랫소리가 더 이상 들리지 않자 내 사랑하는 전우들은 지체 없이 내가 그들의 귀에다 발라 준 밀랍을 뗐고 나도 밧줄에서 풀어 주었소.

−『오디세이아』, 210-211

사이렌의 노래는 강
력하다. 사이렌의 노래
를 듣고 사이렌의 유혹
에 빠지지 않는 것은 불
가능하다. 그렇기에 오
디세우스는 물리적 힘
으로 사이렌의 노래에
저항할 수 없다. 키르케
가 오디세우스에게 알
려준 사이렌의 위험을

오디세우스와 사이렌.

피하는 방법은 오히려 합리적이다. 오디세우스는 귀향해야
한다. 그것은 결코 포기할 수 없는 목적이다. 하지만 귀향 길
목에 있는 사이렌은 치명적이다. 귀향을 하기 위해서 오디세
우스는 치명적인 사이렌과의 조우를 피할 수 없다. 하지만 사
이렌에게도 빈틈은 있다. "원시의 계약에는 항해자가 꽁꽁
묶인 채로 노래를 듣는가, 아니면 묶여 있지 않은 상태에서
노래를 듣는가에 대해서는 아무런 특별 규정이 없다."(102)

오디세우스는 영리하다. 오디세우스는 신화의 빈틈을 이
용하여 신화적 힘의 위험으로부터 빠져나온다. 오디세우스
가 사이렌의 위험으로부터 벗어날 수 있었던 힘은 신화의 원
시적 힘과의 물리적 대결이 아니다. 그의 힘은 속임수에 있

오디세우스와 사이렌, 허버트 드레이퍼(Herbert Draper), 1909.

다. 이런 점에서 오디세우스는 근대 경제인, 계몽주의적 가치관을 가지고 있는 전형적인 인간의 원형이 된다. 오디세우스는 속임수를 통해 원시적 힘을 무력화시킨다. 사이렌은 열심히 노래를 부르지만 밀랍으로 귀를 막고 있는 뱃사공들도, 돛대에 묶여 있는 오디세우스도 굴복시키지 못한다. 사이렌이 자신들의 노래를 듣는 사람을 굴복시키지 못하는 순간, 사이렌은 원시적인 신화적 힘을 상실한다. 오디세우스와 뱃사공들은 신화를 무력화시켜 계몽화하는 합리적 인간들이다.

저자들이 보기에 오디세우스는 자본주의적 경제 원칙을 구현하고 있다. 오디세우스가 귀향 길에서 감행하는 위험은, 후에 시민경제학이 위험부담이라는 개념으로 정식화한 자본주의의 원리이다. 시민경제학에 따르면 자본가는 파산의 가능성으로 인한 위험부담을 담지하고 있기에, 자본가의 이윤은 도덕적 근거를 획득한다. "발전된 교환 사회나 이 속에 사는 개인의 관점에서 볼 때 오디세우스의 모험은 성공 가도로 접어들게 만들어 준 위험 부담의 묘사에 다름 아니다. 오디세우스는 지금의 시민 사회가 가능하도록 만든 근본 원리에 따라 살아간다."(105)

오디세우스가 자본주의적 시민사회의 지배계급이라면 뱃사공들은 피지배계급이다. 오디세우스를 위해 노를 젓는, 귀를 밀랍으로 막은 뱃사공과 돛대에 묶인 채 사이렌의 노래를 듣는 오디세우스는 계몽화된 사회의 예술과 노동의 관계에 대한 예증이다. 계몽화된 사회에서 노동은 예술에 대한 금기, 즉 금욕과 같다. "그는 그들의 귀를 밀랍으로 봉하고는 온 힘을 다해 노를 저어갈 것을 명령한다. 살아남고 싶은 자는 되돌릴 수 없는 유혹을 들어서는 안 된다. 그는 들을 수 없을 때만 살아남을 수 있는 것이다. 사회는 항상 이를 위해 배려한다. 노동하는 사람은 건강한 몸과 집중된 마음으로 앞만을 보아야 하며 옆에 있는 것은 내버려 두어야 한다. 기분을 전환하고 싶은 충동마저 그들은 긴장을 풀지 않고 새로운 여분의 노력으로 승화시켜야 한다."(67) 노동을 명령하는 자, 지배하는 자인 오디세우스에게 사이렌의 노래는 "단순한 명상의 대상, 즉 예술로 중화된다."(68) "사슬에 묶인 오디세우스는 후대에 오면 연주회의 청중이 되어 그곳에 상주하면서 미동도

하지 않고 귀를 기울인다."(68) 밀랍으로 귀를 막은 채 노를 젓는 뱃사공은 땀 흘려 노동하기 위해 쾌락을 억제하는 노동자와 같다. 노동자가 아닌 오디세우스는 사이렌의 노랫소리를 듣지만, 사이렌의 유혹에는 응답할 수 없다. 이로써 예술은 성취될 수 없는 행복에 대한 약속으로 전락한다.

폴리페모스에 대항하는 오디세우스의 계몽의 언어

오디세우스 일행은 귀향 중에 법도 도시도 없이 흩어져 유목생활을 하는 야만인 키클롭스가 지배하는 땅에 도착한다. 연약한 인간인 오디세우스가 거인족 키클롭스에 힘으로 대항하는 건 불가능하다. 사이렌 자매의 유혹을 간계를 통해 모면하고, 사이렌 자매를 무력화시켰던 오디세우스는 역시 키클롭스 폴리페모스와 '간계'를 동원해 대결한다.

그때 그 자는 우리를 발견하고는 이렇게 물었소. '나그네들이여. 그대들은 누구며 어디서 습한 바닷길을 항해해 왔는가? 그대들은 장사를 하려는 것인가 아니면 정처없이 바다 위를 떠돌아다니는 것인가? 마치 해적들이 다른 사람들에게 불행을 가져다주며 제 목숨을 걸어놓고 떠돌아다니듯이 말이다.' 이렇게 그자가 말하자 우리는 그 자의 걸걸한 목소리와 그 자의 거대한 모습에 겁을 먹고 그만 맥이 빠지고 말았소. 그럼에도 불구하고

나는 그 자에게 이런 말로 대답했소. '우리는 아카이아 인들로
서 트로이에서 오는 길이오. 우리는 집으로 돌아가기를 원했으
나 온갖 바람에 바다의 큰 심연 위를 표류하다가 그와는 다른
여로로, 다른 길로 해서 이리로 오게 되었소이다. 그것이 아마
제우스의 뜻이요 계획이었나 봅니다. ······ 그 자는 비정한 마음
에서 아무 대답도 않고 벌떡 일어서더니 내 전우들에게 두 손을
내밀어 한꺼번에 두 명을 움켜쥐고는 그들이 마치 강아지들인
양 땅에다 내리쳤소. 그러자 골이 땅바닥에 흘러내려 대지를 적
셨소. 그러자 그 자는 그들을 토막 쳐서 저녁식사 준비를 하더
니, 산 속에 사는 사자처럼 내장이며 고기며 골수가 들어 있는
뼈며 남김없이 다 먹어치웠소. 이 끔찍한 짓을 보고 우리는 울
면서 제우스를 향하여 두 손을 들었고, 어떻게 해야 할지 눈앞
이 캄캄했소. 키클롭스는 인육을 먹고 그 위에 물을 타지 않은
젖을 마셔 거대한 배를 채우고 나더니 동굴 안에서 작은 가축들
사이에 큰 대자로 누웠소.

－『오디세이아』, 151-152

식인의 풍습을 지닌 폴리페모스는 야만적이며 흉포하다.
하지만 인간 오디세우스는 거인족 야만인 폴리페모스 앞에
서 속수무책이다. 오디세우스는 자신의 부하를 먹어치운 포
세이돈의 아들인 거인 폴리페모스에 대한 복수를 계획한다.

오디세우스는 분노를 삭이면서 즉각적인 보복 대신 폴리페모스를 관찰하여 그의 약점을 파고들려 한다.

> 그래서 나는 내 고매한 마음속으로 생각했지요, 가까이 다가가서 넓적다리에서 날카로운 칼을 빼어 횡격막이 간을 싸고 있는 가슴 부위를 손으로 더듬어서 그 자를 찌를까 하고 말이오. 그러나 다른 생각이 나를 제지했소. 그랬더라면 우리도 그곳에서 갑작스러운 파멸을 당했을 것이오. 우리는 그 자가 갖다 놓은 그 엄청나게 무거운 돌을 우리 손으로는 높직한 문에서 밀어낼 수 없었을 테니까요. 그래서 우리는 그때 신음하면서 고귀한 새벽의 여신을 기다렸소.
>
> ─『오디세이아』, 153

오디세우스는 폴리페모스가 베어 놓은 거대한 올리브 나무를 발견한다. 오디세우스는 그 올리브 나무를 훔쳐 뾰족하게 깎고 불에 달구어 보복을 계획한다.

> 한편 나는 뒤에 남아 마음 속 깊이 재앙을 궁리했소. 혹시 내가 복수하고 아테네께서 내게 명성을 주실까 해서 말이오. 내 마음에는 역시 이렇게 하는 것이 상책인 것 같았소. 키클롭스의 우리 옆에는 거대한 몽둥이가 하나가 있었는데, 아직도 푸른 그 올

리브나무 몽둥이는 마르면 가지고 다니려고 그 자가 베어놓은 것이었소. 우리가 눈으로 재어 보니 그것은 심연을 건너는 노가 스무 개나 달린 넓고 검은 짐배의 돛대만 했소. 그것은 그만큼 길고 그만큼 굵어 보였소. 나는 그 가까이 다가가서 한 발쯤 잘라내어 전우들 옆에다 갖다 놓고는 그것을 뾰족하게 다듬으라고 명령했소. 그러자 그들은 그것을 반들반들 깎았소. 한편 나는 그 옆에 서서 끝을 뾰족하게 다듬어서는 지체없이 가져다가 활활 타오르는 불에다 달구었소. 그러고 나서 나는 그것을 온동굴 안에 무더기로 쌓여 있는 똥 속에다 잘 감추어 두었소.

－『오디세이아』, 153-154

복수할 준비를 마친 다음 오디세우스는 포도주로 폴리페모스를 유혹한다.

그 자는 힘든 일을 부지런히 끝내고 나서 이번에도 한꺼번에 두명을 움켜쥐더니 저녁 준비를 하는 것이었소. 그때 나는 검은 포도주가 가득 든 나무 대접을 손에 들고 키클롭스 옆에 가까이 다가가서 그 자를 향하여 말했소. '키클롭스여, 그대는 인육을 먹었으니 이 포도주를 받아 마시도록 하시오. 그러면 그대는 우리 배가 어떤 음료를 감춰 두고 있었는지 알게 될 것이오. 이것은 내가 그대에게 헌주하려고 가져온 것이오. 혹시 그대가 나를 불쌍히 여기고 고향으로 보내 줄까 해서 말이오. 그대의 광란은 정말로 더 이상 참을 수 없소이다. 무정한 자여, 수많은 인간들 중에 누가 나중에라도 그대를 찾아오겠소? 그대의 행동이 도리에 어긋나니 말이오.' 내가 이렇게 말하자 그 자는 그것을 받아 마셨소. 그 자는 달콤한 음료를 마시고 크게 기뻐하며 내게 그것을 다시 청했소. '그대는 내게 자진해서 그것을 한 번 더 주고 그대의 이름을 말하라. 지금 당장. 그러면 나는 그대를 기쁘게 해 줄 접대 선물을 그대에게 주겠다. 물론 키클롭스족에게도 풍요한 대지는 거대한 포도송이의 포도주를 가져다주고 제우스의 비가 그것을 자라게 해 주지만, 그대가 준 이것이야말로 가위 암브로시아요 넥타르로다.' 이렇게 그 자가 말하자 나는 반짝이는 포도주를 다시 그 자에게 건네주었소. 세 번이나 나는 그것을 그 자에게 갖다 주었고, 세 번이나 그 자는 어리석게도 그것을 받아 마셨소.

-『오디세이아』, 154-155

오디세우스는 폴리페모스와 교환을 제의한다. 자신이 포도주를 제공했으니, 폴리페모스도 자신에게 포도주에 상응하는 보답을 해야 한다는 것이다. 계몽화된 인간인 오디세우스는 교환법칙을 통해 자신이 처한 위험에서 벗어나려 하지만, 야만인 폴리페모스에게 계몽적 교환법칙은 통용되지 않는다. 포도주를 교환한 대가로 폴리페모스는 문명적 방식과는 다른 교환을 제안한다. 폴리페모스의 접대선물은 오디세우스를 가장 늦게 잡아먹겠다는 약속이다.

> 마침내 포도주가 키클롭스의 마음을 에워쌌을 때 나는 그 자에게 달콤한 말로 이렇게 말을 걸었소. '키클롭스여, 그대는 내 유명한 이름을 물었던가요? 내 그대에게 내 이름을 말할 터이니 그대는 약속대로 내게 접대 선물을 주시오. 내 이름은 우데이스(Udeis: '아무도 아니다'라는 뜻)요. 사람들은 나를 우데이스라고 부르지요. 어머니도 아버지도, 그리고 다른 전우들도 모두.' 이렇게 내가 말하자 그 자는 즉시 비정한 마음에서 내게 대답했소. '우데이스를 나는 그의 전우들 중에서 맨 나중에 먹고 다른 자들을 먹을 것이다. 이것이 내가 그대에게 줄 접대 선물이다' 이렇게 말하고 그 자는 뒤로 벌렁 자빠지더니 굵은 목을 옆으로 돌리고 누웠소. 그러자 모든 것을 제압하는 잠이 그 자를 사로잡았소.
>
> ─『오디세이아』, 155

폴리페모스의 세계는 야만의 세계이다. 그 세계에서는 오디세우스가 살고 있는 계몽 세계의 원리가 통용되지 않는다. 오디세우스가 신봉하는 교환법칙은 폴리페모스의 세계에서는 합리적으로 작동하지 않는다. 폴리페모스가 살고 있는 시대는 "체계적인 경작이 이루어지지 않았기 때문에 시간을 관리하는 노동 조직과 사회 체제가 아직 체계화되지 않았던 시대"(109)에 해당한다. 교환법칙에 의해 폴리페모스의 힘을 중성화시킬 수 없는 오디세우스는 '간계'를 생각해 낸다. 폴리페모스는 오디세우스를 가장 나중에 잡아먹겠다고 하며 그의 이름을 묻는다. 오디세우스는 궤변을 사용한다. 오디세우스는 폴리페모스에게 자신의 이름은 우데이스, 즉 '아무도 아니다'라고 소개한다. 그것은 분명 말장난이다. 폴리페모스가 계몽화된 인물이었다면 오디세우스의 말장난에 숨어 있는 의도를 파악할 수 있었을 것이다. 하지만 폴리페모스는 계몽화된 인간처럼 사유하지 않는다. "호머가 키클롭스들을 무법적으로 사고하는 괴물이라고 부른다면, 그것은 키클롭스들의 사고가 문명의 법을 존중하지 않는다는 것뿐만 아니라 그의 사고가 무법적이며 비체계적이고 광상적이라는 것을 의미한다. 이러한 광상적인 사고 때문에 폴리페모스는 초대하지도 않은 불청객이 동굴로부터 탈출하는 방식이나 그러한 꾀를 생각해 내는 시민적 사고 방식을 짐작할 수도 없고, 오디세우스의 잘못된 이름이 뜻하는 궤변적인 이중 의미를 알 수도 없는 것이다."(110) 자신을 '아무도 아니다'라고 소개한 후 오디세우스는 잠든 폴리페모스의 눈을 올리브 나무로 찌르며 복수한다.

그때 나는 그 말뚝을 제대로 뜨거워질 때까지 잿더미 속에 집어넣고는 아무도 겁먹고 꽁무니 빼지 않도록 말로 전우들의 용기를 북돋아 주었소. 그러나 그 올리브나무 말뚝이 아직 푸른데도 금새 불이 붙기 시작하여 무섭게 달아오른 것 같아 보였을 때, 그때 나는 다가가서 그것을 불에서 꺼냈고 내 주위에는 전우들이 둘러섰소. 그러자 어떤 신께서 우리에게 큰 용기를 불어넣어 주셨소. 그리하여 그들은 끝이 뾰죽한 올리브나무 말뚝을 움켜잡더니 그 자의 눈에다 그것을 밀어 넣었소. 한편 나는 그 위에 매달리며 그것을 돌렸소. 그 자는 무시무시하고 크게 비명을 질렀소. 그러자 주위의 바위가 울렸고 우리는 겁이 나서 급히 달아났소. 한편 그 자는 눈에서 피투성이가 된 말뚝을 뽑아 괴로워서 두 손을 버둥대며 멀리 내던지더니 바람 부는 산마루를 따라 주위의 동굴 안에 사는 키클롭스족을 큰 소리로 불렀소. 그러자 그들은 그 소리를 듣고 사방에서 모여들어 동굴 주위에 둘러서서는 무엇이 그 자를 괴롭히는지 물었소. '폴리페모스여, 무엇이 그대를 그토록 괴롭혔기에 그대는 신성한 밤에 이렇게 고함을 지르며 우리를 잠도 못 자게 한단 말이오? 설마 어떤 인간이 그대의 뜻을 거슬러 작은 가축들을 몰고 가는 것은 아니겠지요? 아니면 설마 누가 꾀나 힘으로 그대를 죽이는 것은 아니겠지요?' 그러자 강력한 폴리페모스가 동굴 안에서 그들을 향하여 말했소. '오오 친구들이여, 우데이스가 힘이 아니라 꾀로

나를 죽이고 있소.' 그러자 그들은 물 흐르듯 거침없이 이런 말로 대답했소. '만약 그대에게 폭행을 가하는 것이 아무도 아니고 그대가 혼자 있다면, 그대는 아마도 위대한 제우스가 보낸 그 병에서 결코 벗어날 수 없을 것이오. 그러니 그대는 아버지 포세이돈 왕께 기도하도록 하시오.' 이렇게 말하고 그들이 떠나가자 내 마음은 웃었소. 내 이름과 나무랄 데 없는 계략이 그들을 속였기 때문이오.

－『오디세이아』, 155-157

폴리페모스와의 조우에서 오디세우스가 구사하는 말장난은 시민사회가 '형식주의'라 부르는 것의 원리이며, 오디세우스는 말장난을 통해 시민적 사유의 전형인 유명론(Nominalismus)을 등장시킨다. 계몽의 언어는 사물과의 필연적 관계가 상실

폴리페모스의 눈을 찌르는 오디세우스.

된 기호의 추상적 체계이다. 계몽의 언어에서 '아무도 아니다' 라는 기호는 실제로 오디세우스가 '아무도 아니다' 라는 뜻으로 사용되지 않는다. 하지만 폴리페모스는 언어를 추상적 기호체계로서가 아니라 사물과의 직접적인 연관성 속에서 받아들인다. 따라서 폴리페모스는 자신의 눈을 '아무도 아니다' 가 찔렀다고 표현할 때 그 말의 의미를 파악하지 못한다. 아무도 나의 눈을 찌르지 않았다는 폴리페모스의 절규는 광기의 표현에 다름 아니다.

오디세우스는 자신을 '아무도 아니다' 라고 부르면서 자기를 유지한다. 오디세우스가 '아무도 아니다' 라고 자신을 명명한 것은 자신을 희생하는 행위이다. 하지만 이 희생은 무목적적 희생이 아니라 합리적 희생이다. 오디세우스는 합리적 희생, 즉 자기부정을 통해 자기유지를 꾀하는 데 성공한다. "이 에피소드의 진정한 의미는 주체인 오디세우스가 자신을 주체가 되도록 만들어 주는 자신의 고유한 동일성을 부인하고 무정형한 것에 동화(Mimikry ans Amorphe)됨으로써 자신의 삶을 구했다는 것이다." (113)

로토파겐의 유혹을 거부하는 노동하는 인간 오디세우스

오디세우스 일행이 귀향 길에서 부딪힌 최초의 모험은 연밥을 먹고 사는 로토파겐의 유혹이다. 로토파겐은 오디세우스 일행이 마주치는 다른 신화적 힘들처럼 오디세우스 일행을 물리력으로 위협하지 않는다. 로토파겐은 그들이 마주치는 사람들에게 자신들이 먹는 연밥을 건네준다.

> 그곳으로부터 나는 그 무시무시한 바람에 아흐레 동안 물고기가 많은 바다 위로 밀려다녔소. 그러다가 열흘째 되는 날 우리는 뭍에 올랐는데, 그곳은 채식을 하는 로토파겐의 나라였소. 그곳에서 우리는 뭍에 올라 물을 길었고 전우들은 날랜 배들 옆에서 지체 없이 점심을 먹었소. 그리하여 먹고 마시는 일이 끝났을 때 나는 전우들을 내보내 이곳 대지 위에서 빵을 먹고 사는 자들이 어떤 인간들인지 가서 알아 오게 했소. 나는 전우 두 명을 뽑았고 세 번째 전우는 전령으로 딸려 보냈소. 그리하여 그들은 지체없이 가서 로토파겐과 섞였소. 그러나 로토파겐은 우리 전우들에게 파멸을 꾀하는 것이 아니라 로토스(연밥)를 먹으라고 주었소.
>
> ─『오디세이아』, 146

연밥은 생명을 위협하는 독이 아니다. 연밥은 마약처럼 작용한다. 연밥을 먹은 사람들은 고향으로 돌아가야 한다는 '목적'을 망각하고 연밥이 있는 그곳에 머무르려 한다. 오디세우스의 부하들은 로토파겐이 전해준 연밥을 먹고 귀향이라는 목적을 망각한다. 오디세우스는 연밥의 유혹에 빠진 부하들에게 '전진'을 명령하는 지배자이다.

> 그리하여 그들 중에 꿀처럼 달콤한 로토스를 먹은 자는 소식을 전해 주거나 귀향하려고 하기는커녕 귀향은 잊어버리고 그곳에서 로토스를 먹으며 고토파겐 사이에 머물고 싶어 했소. 나는 울고불고 하는 이들을 억지로 배들이 있는 곳으로 데려와서는 노는 자리들 밑으로 끌고 가서 속이 빈 배 안에다 묶었소. 그리고 나서 나는 아무도 로토스를 먹고 귀향을 잊어버리는 일이 없도록 사랑하는 다른 전우들에게 급히 서둘러 날랜 배들에 오르라고 명령했소. 그들은 지체 없이 배에 올라 노 젓는 자리에 앉았소. 그리고 그들은 순서대로 앉더니 노로 잿빛 바닷물을 쳤소.
>
> ─『오디세이아』, 146

　　연밥은 마약의 유혹과 유사하다. "유일한 위협은 망각과 의지의 포기"(106)이다. 마약에 취한 사람은 노동의욕을 상실하고 현재 있는 곳에 만족해 하며 더 이상 진보하려 하지 않는다. 연밥에게 부여된 유혹하는 힘은 오디세우스에게는 "가축 기르기, 심지어는 사냥보다, 한마디로 어떤 '생산'보다 오래된, 땅이나 바다로부터 채집을 하던 단계로의 퇴행"(107)을 의미한다. 목적 이성을 지닌 오디세우스에게 마약과 같은 연밥은 치명적인 위험이다. "그들에게 내려진 저주는 오로지 비옥한 대지에서 노동이나 투쟁도 없이 원시 상태로 돌아가야 한다는 것"(106)이다.

계몽화된 인간 오디세우스는 '노동'만을 믿는다. 오디세우스에게는 노동만이 인간에게 행복을 가져다 줄 수 있는 유일한 수단이다. 노동을 찬양하는 오디세우스에게 연밥의 유혹에 빠진 부하들은 참을 수 없는 죄를 저지른 것이다. 오디세우스는 연밥의 유혹에 빠져 로토파겐의 곁에 머물려는 부하들에게 노동의 윤리를 가르치는 계몽화된 지배자이다. 오디세우스는 연밥으로 인해 얻게 되는 행복은 '행복의 가상'이나 '불행의식의 결핍'에 불과하며, 연밥을 먹는 행위는 진보를 포기하고 과거로 퇴행함을 의미한다. 오디세우스는 연밥이 제공하는 '행복'을 포기하고 지양된 고통을 추구하는데, 그 원리는 노동을 통한 해방이라는 계몽의 원리와 동일하다. '진보'해야 하는 계몽된 자에게 현재에 머무르는 것은 그 자체가 죄악이다. 현재의 것이 아니라 미래의 것이며, 행복은 현재의 고통을 노동을 통해 지양할 때 달성 가능하다. 계몽화된 인간에게 미래를 향해 끝없이 달려가는 진보로의 충동 상실은 견딜 수 없다. 그렇기에 로토파겐의 삶을 오디세우스는 견딜 수 없다. "로토파겐에 대항하여 그는 자신의 과업, 즉

역사적인 노동을 통해 유토피아를 실현시키는 것을 옹호한
다."(106)

정숙한 부인과 유혹적인 창녀 사이의 남성 오디세우스:
키르케, 페넬로페와 가부장제

오디세우스의 아내 페넬로페는 고향에서 오디세우스를
기다리고 있다. 그는 정숙한 아내이다. 오디세우스를 기다리
는 페넬로페는 절망에 빠져 있다. 페넬로페는 남편 오디세우
스가 없으면 불행하며 불완전한 여성 주체이다.

> 나그네여, 외모와 몸매에서의 나의 탁월함으로 말하면 아르고
> 스 인들이 일리오스에 가려고 배에 오르고 그들과 함께 내 남편
> 오디세우스가 떠나가시던 날 불사신들께서 망쳐 버리셨지요. 그
> 이가 돌아와서 내 삶을 보살펴 주신다면 그때는 내 명성도 더 커
> 지고 더 훌륭해지겠지요. 그러나 지금은 괴로워요. 재앙이란 재
> 앙은 모조리 어떤 신이 내게 보내셨기 때문이지요. …… 오직 오
> 디세우스에 대한 그리움으로 내 마음은 소진되어 가고 있어요.
>
> ─『오디세이아』, 337

트로이 전쟁이 끝난 지 10년이 넘었지만 아직 돌아오지 않
은 오디세우스를 기다리는 정숙한 아내 페넬로페는 남성들

페넬로페와 구혼자들.

의 유혹 대상이다. 남자들은 홀로 남아 있는 페넬로페를 가만 두지 않으며, 끊임없는 구혼 공세를 펼친다. 페넬로페는 구혼 자들을 따돌리기 위해 오디세우스처럼 방책을 고안한다. 페 넬로페는 구혼자들에게 오디세우스의 아버지의 수의(壽衣) 를 다 짤 때까지 기다리라고 말한다.

이제 그들은 결혼을 재촉하고 있고, 그래서 나는 계략을 꾸미고 있어요. 처음에는 어떤 신이 겉옷을 짜라고 내 마음 속에 일깨워 주셨어요. 그래서 나는 내 방에다 큼직한 베를 하나를 차려 놓고 는 곱고 넓은 베를 짜며 느닷없이 그들 사이에서 이렇게 말했지 요. '젊은이들이여, 나의 구혼자들이여. 고귀한 오디세우스가 돌아가셨으니 그대들은 내가 겉옷 하나를 완성할 때까지 나와의 결혼을 재촉하지 말고 기다려 주시오. 그렇지 않으면 쓸데없이 실이 망가질까 두려워요. 나는 사람을 길게 뉘는 죽음의 파멸을

가져다 주는 운명이 그분께 닥칠 때를 대비하여 영웅 라에르테
스를 위하여 수의를 짜 두려는 것이오. 그러면 그토록 많은 재산
을 모으신 그분께서 덮개도 없이 누워 계신다고 아키아아 여인
들 중 어느 누구도 백성들 사이에서 나를 비난하지 못할 것이
오.' 이렇게 내가 말하자 그들의 당당한 마음은 내 말에 동의했
어요. 그리고 실제로 나는 낮이면 큼직한 베틀에서 베를 짰고 밤
이면 횃불 꽂이에 횃불을 꽂아 두고는 그것을 풀곤 했지요.

—『오디세이아』, 337-338

정숙한 아내 페넬로페와 달리 키르케는 요부이다. 요술에
뛰어난 키르케는 요술로써 사람들을 짐승으로 변하게 하는
마법을 소유하고 있다.

그리하여 우리는 아이아이에
섬에 닿았소. 그곳에는 인간의
음성을 가진 무서운 여신인 머
리를 곱게 땋은 키르케가 살고
있었는데, 그녀는 파멸을 꾀
하는 아이에테스의 친누이였
소. 그들은 둘 다 인간들에게
빛을 가져다 주는 헬리오스에

베를 푸는 오디세우스의 아내 페넬로페.

게서 태어났는데 그들의 어머니는 오케아노스가 낳은 딸인 페르세였소. 그곳 바닷가 배를 보호해 주는 포구에다 우리는 소리 없이 배를 몰아넣었고, 어떤 신께서 우리를 인도해 주셨소. 그때 우리는 배에서 내려 이틀 낮 이틀 밤을 그곳에 누워 있었고, 피로와 고통이 우리 마음을 좀먹고 있었소.

−『오디세이아』, 167-168

오디세우스 일행이 키르케가 살고 있는 섬에 도달했을 때, 키르케는 오디세우스의 부하들을 충동에 충실한 동물인 돼지로 만들어 버린다.

그녀는 그들을 안으로 데리고 들어가 등받이 의자와 안락의자에 앉히더니, 그들을 위하여 치즈와 보릿가루와 노란 꿀과 프람네 산 포도주를 함께 섞어 저어 주며 이 음식물에다 해로운 약을 섞었으니, 그들이 고향 땅을 완전히 잊어버리게 하려는 것이었소. 그녀가 주는 것을 그들이 다 받아 마시자 그녀는 즉시 지팡이로 그들을 치더니 돼지우리 안에다 가두어 버렸소. 그리하여 그들은 돼지의 머리와 목소리와 털과 외모를 가지게 되었으나 분별력만은 여전하여 전과 다름없었소. 이렇게 그들은 울면서 갇혀 있었고 키르케는 그들에게 땅바닥에서 뒹굴기를 좋아하는 돼지들의 일용 양식인 상수리와 도토리와 층층나무 열매를 먹이로 던져 주었소.

—『오디세이아』, 170-171

돼지는 코를 땅에 박고 직립보행을 포기한, 충동으로 가득 찬 동물이다. 로토파겐의 유혹처럼 키르케의 유혹도 치명적이지는 않다. 키르케는 단지 '본능'과 '망각'을 요구한다. 부하들이 키르케의 마법에 의해 본능과 충동에 충실한 돼지로 변했다는 소식을 접한 오디세우스는 키르케와 담판을 짓는다. 키르케는 오디세우스에게 섹스를 요구한다. 키르케는 충동에 충실한 마법의 힘이다. 계몽적 인간 오디세우스는 섹스의 대가로 교환을 요구한다.

> 자, 그대는 칼을 칼집에 넣도록 하세요. 그런 다음 우리 둘이서 침상에 올라 사랑의 동침을 하여 서로가 서로를 믿도록 해요. 이렇게 그녀가 말하자 나는 그녀에게 이런 말로 대답했소. 키르케여, 어떻게 그대는 나더러 그대에게 상냥하라고 요구할 수 있단 말이오? 그대는 그대의 궁전에서 내 전우들을 돼지로 만들어 버렸을 뿐만 아니라, 그대가 나 자신을 지금 이곳에 붙들어 두고는 음흉하게도 나더러 그대의 침실로 들어가 침상에 오르라고 하는 것도 사실은 내가 벌거벗으며 나를 쓸모없는 비겁자로 만들려는 속셈이 아니고 뭐란 말이오. 나는 그대의 침상에 오르

고 싶지 않소이다. 그대가, 여신이여, 나에게 다른 고통과 재앙을 꾀하지 않겠다고 큰 맹세를 하는 것을 감수하지 않겠다면 말이오. 이렇게 내가 말하자 그녀는 지체없이 내가 시키는 대로 맹세를 했소. 그녀가 맹세하기를 모두 마치자 나는 키르케의 더 없이 아름다운 침상에 올랐소.

—『오디세이아』, 174

오디세우스의 아내 페넬로페는 어떤 성적 암시가 담긴 묘사를 찾아볼 수 없는 정숙한 여인으로 묘사되어 있으나 키르케는 충동으로 성인 남성 오디세우스를 유혹하는 창녀이다. 오디세우스는 키르케가 요구하는 충동을 들어주는 대신 계약을 원한다. 즉 키르케는 오디세우스를 도와야 하며, 절대 오디세우스가 페넬로페와 맺고 있는 결혼관계를 절대 위험스럽게 만들지 말아야 한다. 가부장 오디세우스가 창녀 키르케와 계약을 맺기 위해서는, 키르케는 '아내'의 자리를 체념해야 한다.

오디세우스는 키르케와 동침하지만, 키르케와의 동침을 계약관계로 변화시키는 술책을 구사한다. "오디세우스는 그녀와 동침한다. 그렇지만 그는 그 전에 그녀에게 신성한 자들인, 올림포스 신을 걸고 굳은 맹세를 하게 한다. 그 서약은 남성을 거세당하지 않도록 보호하는 것, 즉 난혼의 금지와 남성 지배에 대해 복수하지 못하도록 하는 것으로서, 이러한 남성의 지배는 남성의 입장에서는 영원한 본능의 포기로서 남성의 상징적인 자기 거세이다."(120)

키르케는 '사랑의 금지'를 실천한다. 창녀 키르케와 오디세우스의 교환 원칙은 사랑과 관능적 쾌락의 분리에 입각해 있다. 남성적 주체 오디세우스에게 창녀 키르케와의 동침은 사랑의 교환이 아닌, 쾌락의 교환에 불과하다. 따라서 남성적 주체인 오디세우스는 창녀 키르케와 쾌락은 교환했지만, 사랑을 교환하지 않음으로써 쾌락을 추구하면서도 문명적 결혼제도를 파괴하지 않은 것으로 합리화되는 것이다. "가부장적 사회에서 창녀와 부인은 여성적 자기 소외의 보완물이다. 즉 부인이 생활과 소유에 대한 확고한 질서가 주는 즐거움을 드러낸다면, 창녀는 부인의 비밀스런 동맹자로서 부인의 소유권이 점유하지 않고 남겨놓은 것을 다시 한 번 소유관계에 종속시키면서 쾌락을 판다."(122)

남성들은 오디세우스의 책략에 동의하고, 오디세우스의 책략을 추구하지만 창녀와 부인으로 이중화된 여성은 상이한 전략을 추구한다. "키르케와 같은 창녀는 가부장적 세계 질서를 감내하면서 받아들이지만 일부일처제의 부인인 페넬로페는 그것으로 만족하지 않고, 자신을 남성적 성격과 동일하게 만들 때까지 부단히 노력한다."(123) 가부장적 결혼관계의 부인은 자신을 남성화시키기에, 가부장적 질서를 인식하지 못한다. 부인이 될 수 없는 창녀는 가부장적 질서를 재빨리 인식하고 그것과 타협한다. 창녀가 부인의 자리를 요구할 경우 위험을 감내해야 한다.

하지만 가부장적 질서를 잘 알고 있는 창녀는 부인의 자리를 요구하지 않고, 쾌락의 교환질서에 순응하며 가부장제를 이용한다. 가부장제의 가장 큰 피해자는 이미 남성화되어 있는 '정숙한 부인'이다. 가장 극단적인 이성애적 가족관계는 동성애로 귀착된다. 그래서 남성적 주체는 가족관계 이외의 여성, 이미 남성화된 부인이 아닌 여성으로 남아 있는 여성을 추구하는데, 그 여성은 창녀이다. "사회의 타협점이 결혼이다. 여성은 무력한 존재로 남는다. 왜냐하면 힘은 단지 남성을 통해 매개되어서만 여성에게 주어지기 때문이다. 이와 흡사한 것이 『오디세이아』에서는 창녀-여신의 패배로 묘사된다. 반면에 페넬로페와의 문명적 결혼은 문학적으로는 더 나중의 것이지만, 가부장적 장치가 객관화된 후기 단계를 대변하고 있다."(120) 고향으로 돌아온 오디세우스는 자기희생을 통해 자기유지를 꾀하며 부단히 전진하는 목적합리적인 남성이자 가부장적인 주체로 완성되어 있으며, 아내 페넬로페는 이러한 가부장적 남성 주체인 오디세우스에 동화된 여성이다.

4장

"부연설명 2:
즐리엣 또는 계몽과
도덕"에 대한 주석

칸트와 계몽

두 번째 부연설명의 주인공은 마르키 드 사드(Marquis de Sade)의 소설 속 인물인 줄리엣이다. 줄리엣은 폭력과 섹스를 찬양하는 당혹스러운 인물이다. 얼핏 보면 계몽의 옹호자인 도덕적인 칸트와 야수적인 행각을 일삼는 비도덕적인 줄리엣 사이에는 아무런 공통점이 없는 것처럼 보인다. 하지만 저자들은 계몽의 야만스러움을 탐욕스럽고, 냉혹하고, 거칠고 잔인한 줄리엣의 행각에서 읽어낸다. 아도르노와 호르크하이머가 보기에 전혀 합리적으로 보이지 않는 사드의 인물들은 그 어느 누구보다도 계몽적이다.

"사드와 니체는 논리실증주의자들보다 더 철저히 합리성에 집착함으로써 칸트의 이성 개념에서나 다른 위대한 철학들에 은밀히 내포되어 있는 유토피아의 표피를 벗겨내어 그 본질을 적나라하게 들추어 낸다."(182) 저자들은 칸트와 전혀 상반되는 인물처럼 보이는 줄리엣을 통해 줄리엣이 보여 주는 역겨움이 계몽의 숨겨진 역겨움임을 폭로한다. 저자들은 인간의 진보적인 활동조차도 우리 문화 속에서 설정된 목적에 역행하는 결과를 초래한다고 생각한다. 이것은 우연이라기보다 계몽에 내재되어 있는 필연인데, 질서를 구축할 수 있을 것처럼 보이는 계몽의 원리가 철저하게 관철되면 오히려 질서보다 난잡함이 펼쳐진다. 악의 근원은 합리성의 구조 자체에 있다. 따라서 악은 지속적인 합리화를 통해 제거될 수 없다. 오히려 합리화가 진행되면 진행될수록 악은 커져 간다. 줄리엣은 그것을 입증한다.

계몽의 전도사 칸트에 따르면, 계몽이란 "스스로에 기인한 미성숙으로부터 빠져나오는 것인데, 미성숙이란 다른 사람의 인도 없이는 자신의 오성을 사용할 수 없는 무능력이다."(131) '성숙-미성숙'의 대조는 의미심장한 비유이다. 계몽적 상태는 성장을 통해 달성된다. 하지만 성숙은 단순히 양적 크기의 확장만을 의미하지 않는다. 성숙이란 "체계적 상관관계"의 구축이다. 미성숙이 생존 능력을 결여하고 있음을 의미한다면, 성숙이란 '자기유지'를 통해 사실들을 능숙하게 요리하고 자연을 지배할 수 있음을 뜻한다. 계몽적 성숙은 체계 구축을 지향한다. "라이프니츠나 데카르트에게서와 마찬가지로 칸트에게서도 '합리성'이란 좀더 높은 유와 좀더 낮은 종으로 오르락내리락 하면서 체계적 상관관계를 완수하는 데 있다."(131) 칸트에게 인식의 체계화란 "하나의 원리에 입각한 수미일관성"(칸트, 『순수이성비판』. 『계몽의 변증법』, 131, 재인용)이며, 계몽적 의미에서 사유란 "통일적인 학문적 질서를 만들어 내고 원리들로부터 사실 인식을 도출해 내는 것"(132)이다.

계몽적 사유에서 '논리의 법칙'은 아주 중요하다. 논리의 법칙에 의거하여 모순이 판명되고, 논리 안에서 모순율이 제거될 때 "하나의 원리에 입각한 수미일관성"이 창출될 수 있다. 인식이란 체계적 사유이며, 인식이란 대상들을 체계 속에 분류해 넣는 판단이다. "체계적이지 못한 사유는 종잡을 수 없는 것이거나 권위적인 사유"이다. 인간을 성숙으로 인도하는 이성은 "오직 체계적 통일성이라는 이념, 즉 개념으로 고정된 상관관계에 기여"(132)한다.

인간을 미성숙에서 성숙으로 인도하는 이성, 사실들에 수미일관한 체계를 부여하는 이성은 그 자체로서는 완벽하다. 하지만 이성의 자명성 뒤에는 이성의 딜레마가 숨겨져 있다. "서구적 계몽의 판단들은 겉보기에는 자명한 것처럼 보이지만, 그 자명성 뒤에는 이성의 주체들, 즉 바로 동일한 이성의 담지자들 사이의 치열한 대립이 숨겨져 있다는 사실에 이성 개념의 어려움이 있다."(134) 이성의 딜레마는 바로 『순수이성비판 *Kritik der reinen Vernunft*』의 딜레마이기도 하다. "『순수이성비판』에서는 그러나 계몽된 판단들이 초월적 자아와 경험적 자아의 불분명한 관계 속에서, 그래서 여타의 화해되지 못한 모순들 속에서 표현된다."(134) 초월적인 자아로서의 이성은 "인류의 자유로운 공동체적 삶이라는 이념"을 포함하고 있다. "이러한 공동체적 삶 속에서 인류는 보편적 주체로 스스로를 조직하며 순수한 이성과 경험적 이성 사이의 모순을 단호한 '전체의 입장'에서 지양한다. 이 전체는 '진정한 보편성'이라는 이념, 즉 유토피아를 구현한다."(134)

하지만 이성은 경험적 자아의 측면에서는 "계산적 사유(das kalkulierende Denken)의 기관"이다. 계산적 사유의 기관으로서의 이성은 "자기 유지라는 목적을 위해 세계를 조정하며 단순한 감각적 재료들을 복속되는 재료들로 만들기 위해 대상을 마련하는 기능 이외에는 아무것도 알지 못한다."(134) 이런 딜레마에 처한 이성을 구원하기 위해 칸트는 계몽의 도덕론을 필요로 했다. "계몽의 도덕론은 종교가 허약해진 상황에서, 사회 속에서 자신의 입장을 견지하는 것이 이해관계만으로는 안 될 때 이에 대한 지적 근거를 발견하려는 무망한

노력으로부터 나온 것이다."(136)

목적 없는 합목적성으로 격상된 계몽이 전일적으로 지배하게 되면, '목적'에 대한 사유는 점차 설 땅을 잃는다. 체계구축은 왜 필요한가? 왜 우리는 좀더 이성적이어야 하고 냉정해야 하며, 계산적이어야 하고 감성을 억제해야 하는가? 이성은 점차 '목적'에 대한 질문 앞에서 주춤거리게 되며, 그렇기에 칸트는 목적에 대한 대답, 즉 도덕을 이성의 원리 옆에 슬쩍 끼워 넣는다. 하지만 이미 구축된 이성의 체계는 너무나 견고하고 단단한 나머지, 이 체계 안으로 '목적'에 대한 대답을 끼워 넣을 수는 없다. '목적'에 대한 대답을 이성의 체계 안으로 끼워 넣기 힘든 것처럼, '감정' 또한 이성이 추구하는 체계와는 부합하지 않는 이질적인 요소들로 가득 찬 영역이다.

이성은 체계 구축 이외에는 어떤 목적도 설정하지 않기 때문에, 어떤 감정적 끌림도 이성에서는 배제된다. 감정적 끌림은 체계 구축을 향한 이성의 목적에 방해가 될 뿐이다. 감정이란 계몽이 달아나려 하는 자연에 보다 가까운 인간의 감정이다. 칸트는 자율적이고 모든 사람에게 타당한 보편성과 객관성을 지니며, 어떤 전제조건도 없는 도덕 법칙 발견을 지향한다. 칸트는 이것을 어떤 전제 없이 무조건 보편성과 타당성을 지닌 도덕법칙인 '정언 명령'이라 부르며 최고의 도덕 원리라 하였다. 그 내용이 무한하기에 도덕을 내용에 따라 규정하는 일은 불가능하다.

그러므로 칸트는 내용이 배제된 순수한 형식으로만 도덕법칙을 규정하려 한 것이다. 칸트는 이 법칙을 "너의 의지의 준칙이 항상 동시에 보편적인 입법의 원리로서 타당하도록 행동하라" 혹은 "너의 인격과 다른 사람의 인격에 있어서 인간성을 항상 동시에 목적으로 사용하고 수단으로 사용하지 않도록 행동하라"라는 말로 표현한다. 이러한 법칙은 도덕 행위에 모두 적용될 수 있다.

이성의 딜레마를 칸트는 도덕에 호소함으로써 해결하려 하지만, 도덕의 정당성은 이성의 원리로부터는 도출될 수 없다. 상호존중의 의무, 연대의 의무를 이성의 법칙으로부터 도출하려는 칸트의 시도는 "서구 철학 전체에서 가장 사려 깊은 것이지만, 이를 지지해 줄 수 있는 어떤 근거도 『비판』에서 찾을 수 없다."(137) 칸트는 유대의 뿌리를 물질적 이해관계나 폭력이 아닌 다른 고상한 것으로 대체하려고 노력하지만, 그의 시도는 부질없다. "도덕적 행위는 이성적이라는 칸트적 낙관주의의 뿌리는 사실은 야만 상태에 떨어지는 것에 대한 두려움"(137)이다. 칸트는 윤리적 힘들 중의 하나인 "상호존중과 사랑이 침몰한다면 비도덕성이라는 무가 도덕이라는 것을 한입 가득 물고는 물방울 하나를 마시듯 제국 전체를 집어삼킬 것"(137)이라 말한다. 그는 이성의 냉혹함이 야만을 빚어낼까 봐 두려워하며 도덕에 호소하지만, 칸트가 두려워하는 이성의 야만을 사드는 한 치의 두려움도 없이 보여 준다.

사드와 계몽의 역겨움

줄리엣, 쥐스틴과 칸트

마르키 드 사드(Marquis de Sade)는 『쥐스틴, 또는 미덕의 불행 *Justine, ou les malheurs de la vertu*』『줄리엣 이야기 또는 악덕의 번영 *Histoire de Juliette ou les prosperites du vice*』과 같은 소설을 통해 성도착의 총목록을 재현한 어두운 소설가이다. 사드는 신앙이 깊고 정숙한 미덕의 화신이지만, 불행한 일생을 보낸 쥐스틴(Justine)과 악덕에 몸을 바쳐 부귀영화를 누린 악랄하고 음탕한 큰딸 줄리엣(Juliette)의 삶을 대조시키고 있다. 아도르노와 호르크하이머는 사드 소설의 주인공인 쥐스틴과 줄리엣을 분석하여 계몽의 어두운 면을 폭로한다. 사드는 "충격적인 진리를 무자비하게 폭로"(180)하는 어두운 사상가이다. 저자들에게 드 사드의 소설에 등장하는 줄리엣은 또 다른 오디세우스의 모습이다. "쥐스틴과 줄리엣의 스캔들에 찬 연대기인 사드의 소설은 —스타일은 18세기적이지만, 생산 라인의 후속 상품으로 나타난 19세기 통속소설과 20세기 대중문학의 전신을 이루는데— '지배 기관으로서의 사유에 대한 역사' 라는 마지막 신화적 껍질이 벗겨진 호머의 서사시이다."(180) 사드는 더 철저히 합리성에 집착함으로써 "칸트의 이성 개념에서나 다른 위대한 철학들에 은밀히 내포되어 있는 유토피아의 표피를 벗겨내어 그 본질을 적나라하게 들추어 낸다."(182) 시민계급의 어두운 사상가인 사드는 시민 계급의 변호론자와 달리 '조화'의 교리를 통해 '계몽의 결론'을 빠져나가지 않는다. 사드는 무자비하게 계몽의 결론을 두 자매 줄리엣과 쥐스틴을 통해 보여 준다. 사드의 두 인물 줄리엣과 쥐스틴은 자매이지만 비교되는 인물이다. 쥐스틴이 "선한 마음 이외에는 자기를 보존하고 지킬 수 있는 어떤 방법도 알지 못하는 무능력한 존재"라면, 줄리엣은 "스스로의 의지에 따라 행동하면서 자기를 보존하고 개발하는 적극적인 존재"이다.

줄리엣은 철저하게 칸트의 『순수이성비판』을 재현하는 인물이다. 줄리엣은 이성의 야만을 두려워하며 슬그머니 도덕과 이성을 타협시키려는 칸트의 어정쩡한 행보를 따라가지 않는다. 줄리엣은 모호한 '실천이 성'을 가차 없이 비판하며 '순수 이성'을 옹호한다. 줄리엣은 냉혹한 이성의 산물이다. 줄리엣은 계산적이며 감정에 조금도 흔들리지 않는다. 줄리엣은 악덕을 일삼는 것처럼 보이지만, 줄리엣의 악덕은 칸트가 찬양했던 성숙함의 증

마르키 드 사드.

거이다. 줄리엣은 "다른 사람의 인도 없는 오성, 즉 후견인 제도로부터 해방된 시민적 주체"(138)이다. 줄리엣에게 모든 것은 계산의 대상이며, 모든 행동은 체계적인 계산의 결과이어야 한다.

줄리엣은 절대 설명될 수 없는 '정서'에 의해 행동을 결정하지 않는다. 줄리엣에게는 섹스마저도 인간 사이의 친밀성의 표현이 아니라 철저한 계산의 산물이다. 줄리엣에게 단순한 섹스는 의미가 없다. 섹스를 통한 쾌락이 줄리엣의 목표라면, 섹스는 목표를 위해 철저하게 계산되고 조직되어야 한다. 줄리엣에게 섹스에 개입되는, 이성으로는 설명되지 않는 도덕적 거리낌이나 망설임은 전혀 필요하지 않은 요소들이다.

더 나아가 양심을 건드리는 설명되지 않는 요소들은 체계

구축을 막아내는 장애물일 뿐이다. 줄리엣은 쾌락이라는 목적을 위해 기능하지 않는 섹스의 요소들을 제거한다. 줄리엣에 따르면 섹스에 개입되는 모든 요소들은 쾌락이라는 목표를 달성하기 위한 기능을 수행해야 한다. 줄리엣의 섹스게임에 참여하는 사람들에게는 "단순한 향락보다는 조직을 만들어 내려는 미친 듯한 활동 자체가 목표"(141)인 셈이다. "현대의 스포츠 팀들의 전례를 우리는 줄리엣의 섹스 팀에서 분명히 발견하게 된다. 여기서는 어떤 순간도 놓치지 않으며, 육체의 어떤 구멍도 등한시 되지 않고, 어떤 기능도 활용되지 않는 것이 없다."(141) 줄리엣의 섹스 팀이 고안한 엽기적인 섹스는 행위 자체로는 엽기적이나 원리상으로는 계몽에 충

실하다. "칸트 체계의 건축학적 구조나 사드적인 섹스파티의 체조 피라미드나 프리메이슨 결사단체의 일사불란한 원리들은 — 『소돔의 120일』에 나오는 탕아 사회의 규정은 냉소적으로 이런 것들을 구현하고 있다— 실제적 목표를 결여한 전체 삶의 조직화를 드러낸다."(141)

섹스파티.

줄리엣은 쾌락을 목적으로

모든 것을 동원하는 섹스가 도덕적이지 않음을 잘 알고 있다. 줄리엣이 원하는 바는 "시민계급이 회피하고 싶어하는 결론"(148)을 내리는 것이다. 줄리엣의 섹스는 광적으로 보이지만, 그녀는 절대 미치지 않았다. "줄리엣은 이것들을 자연스럽게 행하는 것이 아니라, 터부라는 것을 자각하고 실행한다. 그녀는 그런 행동을 지탄하는 가치 판단, 아무런 근거 없는 가치판단―왜냐하면 모든 가치 판단은 본래 근거가 없기 때문에―에 대해 정반대의 가치 판단을 내세움으로써 보상받으려 한다."(149) 줄리엣의 반문명적인 섹스는 계획된 도발이다. "줄리엣이 구현하고 있는 것은 ―심리학의 표현으로는― 승화되지 않은 퇴행적 리비도가 아니라 '퇴행'에 대한 지적인 기쁨, 즉 지적·악마적 사랑으로서 문명 자체의 무기로 문명을 파괴하는 즐거움이다."(149) 합리성이 증명할 수 없는 모든 경배를 경멸하는 줄리엣에게 설명할 수 없는 사랑은 경배의 대상이 아니다. 그 대신 조직할 수 있는 섹스는 경배의 대상이 될 수 있다. 섹스에 대한 모든 금기는 합리성에 의해 설명될 수 없는 정서적 반응의 산물이다. 따라서 섹스에 대한 금기를 합리성이 합리적으로 설명할 수 없다면, 줄리엣에게 합리적으로 설명되지 않는 금기를 따르는 것은 오히려 비합리적이다.

줄리엣과 무감동의 의무

줄리엣은 그 어느 누구보다도 계몽적인 인물이다. 단지 줄리엣이 거부감을 드러내는 이유는 그녀가 이성과 도덕의 모호한 동거를 부인하고, 도덕의 근거 없음을 이성의 원리에 근거해 적나라하게 보여 주기 때문이다. 줄리엣은 계몽이 가르친 대로 "체계와 수미일관성을 좋아한다."(149)

칸트에 따르면 "덕이란 그것이 내적 자유에 근거하고 있는 한 인간에게 하나의 긍정적 명령, 다시 말해 자신의 모든 능력이나 경향들을 이성의 지배 하에, 즉 자신의 통제 하에 놓아야 한다는 명령이며, 자신의 감정이나 경향에 의해 지배당해서는 안 된다는 금지 명령, 즉 초연한 무감동(Apathie)의 의무이다."(149-150) 줄리엣은 그 어느 누구보다도 칸트가 주장했던 초연한 무감동을 실천하고 가르치는 사람이다. "형식주의적 이성에 있어 양심의 가책으로부터 자유로운 것은 사랑이나 증오로부터 자유로운 것만큼이나 아주 중요한 것이다."(150)

그러기에 줄리엣은 살인을 이렇게 가르친다. "당신들의 모습이 침착하고 덤덤하게 보이도록 하시오. 이런 처지에서는 가능한 한 최고로 냉정하도록 노력하시오. 당신들은 양심의 가책에 시달리지 않을 자신이 있어야 하는데, 범죄의 습성상 그렇게 될 수도 있는 것이지만, 이에 대한 자신이 없다면 당신들이 여러분의 얼굴 표정을 아무리 잘 관리해도 소용이

없을 것이오."(150)

칸트에게 있어 계몽이 도덕과 모호한 관계를 유지하는 것과는 달리, 철저한 계몽주의자인 줄리엣에게 유일한 신앙은 과학이다. "그녀는 그 합리성이 증명될 수 없는 어떤 경배도 경멸한다. 즉 하느님이나 그의 죽은 아들에 대한 믿음, 십계명을 지키는 것, 악보다는 선을 선호하는 것, 죄보다는 성스러움을 선호하는 것을 경멸하는 것이다."(152) 줄리엣은 반종교주의자가 아니다. 줄리엣은 철저한 계몽주의자일 뿐이다. 철저한 계몽주의자인 줄리엣에게 종교는 특별한 취급을 받아야 하는 영역이 아니라, 계몽이 자연을 취급하는 것과 동일한 방법으로 계몽화되어야 하는 또 다른 영역에 불과하다.

"위험스럽게 사는 것이 또한 그녀의 사명이었다. 두려움 없이 앞으로 전진하자. 이 세상에는 약자와 함께 강자가 있으며, 지배하는 계급, 종족, 국가가 있는 반면, 지배당하는 계급, 종족, 국가가 있다는 것이다."(154) 니체도 계속 이야기한다. "강자로 하여금 강자로 나타나지 않기를 요구하고, 정복욕 제압욕 지배욕이나 적대 저항, 승리에의 갈등을 포기하도록 요구하는 것은 약자로 하여금 강자로 나타나도록 요구하는 것만큼이나 어처구니없는 일이다."(154)

무감동의 의무를 지우고, 진보를 위해 강자의 법칙을 내세우는 계몽은 은밀히 향락을 권유한다. 계몽은 향락을 권유하기보다 향락을 계몽화한다. 향락은 계몽의 목적을 위해 기능화된다. "노동의 강압으로부터, 특정한 사회 기능으로의 속박, 그리고 궁극적으로는 자아에의 속박으로부터 인간의 꿈이 지배 없고 훈육 없는 저 선사 시대로 돌아갈 때 인간은 향락의 마술을 느낀다. …… 향락 속에서 인간은 사유로부터 면제되며 문명으로부터 탈출한다."(163) 계몽화된 향락은 유예된 향락이다. 계몽화된 향락은 전제조건을 필요로 하는데, 그것은 노동이다. 노동의 대가로 금전을 쥔 자에게서 계몽화된 향락은 죽음에 이르는 순간까지 육체의 모든 구멍을 활용하여 향유될 수 있으나, 모든 이가 이 향락에 초대받는 것은 아니다. 향락에 초대받기 위해서는 초대장이 있어야 하니, 그것은 노동을 행했다는 증거이다. "부자가 되는 것, 그것이 중요해. 우리가 이 목표를 놓칠 경우 그 책임은 전적으로 우리에게 있어. 부자가 되는 탄탄대로를 제대로 달린 다음에야

계몽된 성직자들.

우리는 스스로에게 즐김이라는 수확을 허락할 수 있는 거야. 그때까지는 그것을 잊어야만 해."(사드. 『계몽의 변증법』, 162, 재인용)

계몽화된 향락은 주술적 '향락'과 다르다. 주술적 향락은 완벽한 '단절'이며, 도취이자 현실에 대한 망각이다. 반면 계몽화된 향락은 사이비 단절이며 도취이다. 계몽화된 향락은 "문명에 휘말린 자의 향수"이며 "스스로를 사회 질서의 한 요소로 만들 수밖에 없었던 사람들의 '객관적 절망'"에서 기인한 사이비 탈출구이다. 완전한 향락은 "'동정'이 사회 전체의 구조 변화를 단념하듯이 '향락'은 자연에 헌신하면서 미래에의 가능성을 체념"(165)하는 것이기에, 이러한 향락은 조절되어야 하고 계몽에 의해 통제되어야 한다. 조절되고 통제되지 못한 향락은 노동에 대한 파업, 진보에 대한 파업으로 이어지기 때문이다. 오디세우스의 에피소드에 등장하는 로토파겐의 마력은 바로 노동에 대한 파업, 진보에 대한 파업으로 이끄는 주술의 힘이다. 계몽은 이러한 향락의 주술적 힘에 저항하는 장치들을 만들어 내고 있으며, 그렇기에 향락은 조절된다. 줄리엣이 섹스, 살인과 테러를 통해 추구하는 향락은 조절된 계몽적 향락이다.

사랑과 향락의 분리: 계몽화된 사랑

"다시 한 번 말하자면 내 생각에 사랑하는 것과 즐기는 것은 전혀 별개의 것입니다. …… 왜냐하면 '부드러운 감정'은 상쾌한 기분이나 예의범절과는 잘 어울리겠지만, 그것이 아름다운 목이나 어여쁜 둔부의 곡선에서 나오는 것은 아니지요. 취향에 따라 다르기는 하겠지만 우리의 관능을 짜릿하게 흥분시키는 이러한 대상들은 정신적인 것과는 아무런 관련이 없는 것처럼 보입니다. 구체적인 예를 들면, 벨리체는 추합니다. 마흔 살이나 먹었고, 균형 잡힌 몸매를 가진 것도 아니고, 특별한 매력점을 지닌 것도 아니며 우아하지도 않습니다. 그러나 벨리체는 고귀한 인격과 정신을 소유하고 있으며, 정말 매우 호감이 가는 사람입니다. 나는 벨리체와 자고 싶은 마음은 없습니다. 그럼에도 불구하고 미칠 지경으로 사랑할지 모릅니다. 이에 반해 나는 아라민트를 강렬히 원합니다. 그렇지만 열정과 열기가 지나가자마자 나는 그녀를 진심으로 혐오하게 될 것입니다." (사드. 『계몽의 변증법』, 166-167, 재인용) 사드의 인물들은 자유자재로 육체에 대한 탐닉과 정신적 사랑을 분리한다. 사드의 인물들은 사랑과 향락, 육체와 정신의 이분법에서 혼돈을 느끼지 않는다. 이들은 육체와 정신의 이분법을 자유자재로 구사한다. 이런 점에서 사드의 인물들은 데카르트적이다.

사드의 소설은 인간을 사유하는 존재와 육체를 가진 존재로 나누는 데카르트적 이분법에 이미 내포되어 있는 피할 수 없는 결론인 '낭만적 사랑'에 대한 파괴로 이어진다. 낭만적 사랑은 육체적 충동을 은폐하고 합리화한 것이며 거세된 그리고 매우 위험한 형이상학이다. 사랑의 영

계몽에 충실한 섹스.

적인 면과 육체적인 면을 무자비하게 갈라놓았다는 점에서, 드 사드는 데카르트 이원론을 철저하게 활용한다. 사드의 작품에서는 성이 상품 생산이 진척되는 방식, 즉 분업적이고 효율적인 방식과 다름없이 묘사되고 이는 소설의 인물들에 의해 체험된다. 향유되어야 하는 것은 기계화되고 기능화된다. 성은 더 이상 향유가 아니라 노동이며, 아울러 억압이고 착취이다.

줄리엣은 "그 자체로서는 비학문적인 개념"인 사랑을 분해한다. 줄리엣의 계몽적 분해를 통해 사랑은 찬양되는 "기계화된 기쁨(조절되고 통제된 향락, 정신과 분리된 순수한 육체의 기능으로 환원된 섹스)"과 조심하고 경계해야 하는 동정을 양

산하는 낭만적 사랑으로 나뉜다. 줄리엣은 사랑을 분해하여 기계화된 기쁨을 선택하지만, 쥐스틴은 낭만적 사랑을 선택한다. 줄리엣과 쥐스틴은 서로 떨어질 수 없는 자매이다. 그들은 분해될 수 없는 사랑을 분해하여 육화한 인물들이기에, 줄리엣이 없으면 쥐스틴은 있을 수 없고, 쥐스틴이 없으면 줄리엣 또한 있을 수 없다. 그렇기에 칸트의 두 자매인 줄리엣과 쥐스틴은 자매로 머무를 수밖에 없다. "육체적 향락이라는 피부로 느낄 수 있는 유토피아를 모두에게 허락하는 이러한 파괴는 숭고한 사랑과 함께 계속 공존한다."(169)

줄리엣이 생물학적으로는 여성이나 남성화된 여성이라면, 쥐스틴은 여성화된 여성이다. 줄리엣이 쥐스틴을 대하는

낭만적 사랑의 파괴.

태도는, 계몽적 가부장적 질서 하에서 남성과 여성의 관계와 같다. 남성화된 여성 줄리엣은 생물학적 남성처럼 우월하나 여성화된 여성 쥐스틴은 지배의 대상이다. "여성이 우리에 비해 열등하다는 것은 매우 확실한 근거가 있으며, 여성이 우리에게 존경을 불러일으킬 만한 어떤 강한 동인

을 갖고 있다는 것은 말도 안 됩니다. 이런 맹목적 경외심으로부터 생겨난 사랑이란 것도, 그러므로 경외심만큼이나 편견에 불과합니다."(사드, 『계몽의 변증법』, 169, 재인용) 여성화된 여성에 대해서는 어떠한 동정심도 허락되지 않는다. "남성과 여성 사이에는 인간과 숲 속의 원숭이 사이처럼 분명하고도 중요한 차이가 있다는 것은 의심의 여지가 없습니다. 여성이 우리와 같은 종류의 인간이라는 것을 거부하는 것은 원숭이가 우리와 형제라는 것을 부인하는 것만큼이나 충분한 이유가 있다고 생각합니다. 같은 또래의 벌거벗은 여자와 남자를 주의 깊게 관찰한다면 이 두 피조물 사이에 존재하는 현저한 구조적 차이―성적 차이는 제쳐놓더라도―가 여성은 남성보다 낮은 등급에 속한다는 것을 분명히 보여 줄 것입니다. 내적인 차이도 비슷하게 존재하고 있는데, 양성의 해부학적 차이는 꼼꼼히 관찰할 경우 이러한 진리를 백일하에 드러낼 것입니다."(사드, 『계몽의 변증법』, 170, 재인용)

사드에게 여성은 약자이다. 하지만 저자들은 사드의 여성관을 여성과 남성 사이의 가부장적 관계로 환원시키지는 않는다. 여기서 '여성'은 소수자의 알레고리이다. "초기 국가에서의 복속당한 토착민들, 정복자에 비해 조직이나 무기에서 뒤떨어진 식민지의 원주민들, 아리아인들 밑에서 억압을 당한 유대인들, 이들처럼 여성의 방어 능력 부족은 억압을 위한 법적 명분이 된다."(170) "여성을 숭고한 무엇으로 높이는 행위"는 여성이 약자이기에 찬양되는 동정행위와 같다. 낭만적 사랑의 주체는 '숭고하고 연약하며 그렇기에 보호받아야 하는 여성'이다. 낭만적 사랑이 주체에 대한 동경과 찬사는 약자에 대한 '연민'에 불과하다.

마돈나 숭배와 마녀 박해는 동전의 양면이다. 쥐스틴이 마돈나라면, 줄리엣은 마녀이다. 강자를 찬양하는 줄리엣의 편에서 마돈나 쥐스틴은 억압해야 하는 약자 여성에 불과하다. 자연적 존재로서 여성에 대한 찬양은, 여성을 계몽이 지배해야 하는 대상으로 설정하는 것에 불과하다. 여성이 자연이라면, 여성적 존재는 괴물 앞에 서 있는 오디세우스처럼 간계를 통해 정복해야 하는 대상에 불과하다. 가부장적 질서는 "자연 상태에 다시 빠져들라는 엄청난 유혹을 증오하고 완전히 제거하려는 것, 그것은 실패한 문명에서 비롯된 잔혹성으로서 문화의 다른 얼굴인 야만성"(172)이다. "정신적으로나 육체적으로 열등한 여성에 대한 증오의 명분, 이마에 지배의 표식을 달고 있는 그 명분은 또한 유대인 증오에 대한 명분이다. 유대인과 여자에게서 사람들이 느끼는 것은 그들이 수천 년 동안 굴복당하지 않았다는 사실이다. 사람들은 그들을 제거하고 싶어했지만 그들은 여전히 살고 있는데, 오랜 억압이 초래한 그들의 불안, 허약함, 자연과의 좀더 큰 유사성은 바로 그들의 생명을 지탱시켜 주는 요소들이다. 이러한 점이 강함의 대가로서 자연으로부터 소외당해야 하고 영원히 두려움을 억눌러야만 하는 강자를 격분시킨다."(172)

사드의 소설은 역겨움을 불러일으킨다. 줄리엣의 냉혹함, 강자의 약자 지배에 대한 노골적인 찬양, 엽기적인 섹스 행각은 독자들을 경악시킨다. 줄리엣이 보여 주는 세계는 역겨운 세계이며, 인간성이 파괴된 세계이다. 하지만 아도르노와 호르크하이머에 의하면 줄리엣의 세계는 바로 계몽이 빚어낸 파국의 세계에 대한 자화상이다.

5장

"문화산업:
대중 기만으로서의
계몽"에 대한 주석

문화비판과 엘리트주의

부연설명 이후 아도르노와 호르크하이머의 비판은 계몽의 원리가 빚어낸 두 개의 현대적 야만의 양상을 향한다. 그 첫 번째 대상은 '문화산업'이다. "문화산업: 대중 기만으로서의 계몽"은 『계몽의 변증법』 중에서 가장 많이 인용되지만, 동시에 가장 왜곡해서 독해되는 부분이다. "문화산업: 대중기만으로서의 계몽"은 아도르노와 호르크하이머가 대중문화에 대해 비판적인 입장을 취하는 엘리트주의자로서의 대중문화 해석이 전면에 드러난 것으로 흔히 해석된다. 이 경우 "문화산업: 대중기만으로서의 계몽"은 비판되기 위해 인용된다. 또한 "문화산업: 대중기만으로서의 계몽"은 미국에 망명한 유럽 지식인들의 반미적 정서가 미국의 문화산업 비판으로 투영된 것으로 해석되기도 한다. 즉 "문화산업: 대중기만으로서의 계몽"은 유럽의 지식인들이 미국의 문화산업과 조우하고 받은 충격을, 미국을 폄하하려는 시선에서 서술했다는 것이다. 이러한 주장에 근거가 전혀 없다고 할 수 없지만, 이러한 독해 방법은 문화산업 분석의 중요한 계기를 놓치고 있다.

"문화산업: 대중기만으로서의 계몽"을 관통하고 있는 보다 중요한 맥락은 발터 벤야민(Walter Benjamin)과 아도르노의 논쟁이다. 벤야민은 「기술복제시대의 예술작품 *Das Kunstwerk im Zeitalter in seiner technischen Reproduzierbarkeit*」에서 복제기술에 의한 대중예술이 대중의 해방을 위해 사용될 수 있다는 낙관적인 입장을 주장했다. 아도르노는 「기술복제시대의 예술작품」을 다소 신랄하게 비판했다. 그는 벤야민과 달리 새로 등장한 대중예술의 기술은 해방적 가능성보다는 지배를 위해 동원되고 사용될 수 있다는 점을 강조하였다.

"문화산업: 대중기만으로서의 계몽"에 나타나는 새로운 매체(Media)에 대한 저자들의 비관적인 견해는 벤야민이 「기술복제시대의 예술작품」에서 주장했던 낙관적인 견해에 대한 비판의 뉘앙스가 강하다. 그렇기에 문화산업에 관한 분석에서 저자들은 새로운 테크놀로지가 갖고 있는 혁명적 가능성보다는 새로운 테크놀로지가 적용되는 사회적 맥락인 기술 합리성과 지배의 연관성을 강조한다. 그렇기에 아도르노와 호르크하이머는 새로운 기술 자체의 정치적 가능성이 아니라 새로운 기술이 문화산업에 적용되었을 때 출현하는 사회적 특성에 주목하며, 문화산업을 '계몽의 개념'과의 연관 속에서 분석한다.

'문화연구(Cultural Studies)'는 영국의 엘리트주의적 문화 해석을 비판하면서 등장했기에, 미학적 모더니즘과 엘리트주의적 문화해석에 대해 아주 민감했다. 문화연구는 엘리트주의적 문화해석과는 달리 대중의 문화를 옹호한다. 문화연구의 일부 유파는 "문화산업: 대중기만으로서의 계몽"을 엘리트주의적 입장의 대중문화 비판론의 대표적인 예라고 해석한다.

대중문화가 비판받아야 할 이유들을 나열하는 것은 어렵지 않다. 하지만 그 목록을 제시한 사람은 엘리트주의자라는 핀잔을 들을 것이다. 대중문화가 정당한 대접을 받아야 하는 이유들 또한 쉽게 나열할 수 있다. 하지만 이 경우엔 대중주의자라는 비판을 감수해야 한다. 대중문화를 비판하는 엘리트주의자와 대중문화를 옹호하는 대중주의자라는 이분법은 대중문화와 관련된 담론에서 지속적으로 되풀이된다.

양자택일적 상황에서 대중문화를 옹호하려는 사람은 대중문화를 공격하는 사람을 찾아내고 '이 사람은 문제가 있소!' 라고 세상에 소리치는 손쉬운 방법을 채택할 수도 있다. 이러한 이유로 대중문화를 옹호하려는 사람들은 『계몽의 변증법』을 비판하기 위해 인용한다. 그들은 자신의 입장을 정당화하기 위해 아도르노와 호르크하이머를 불러 세워 법정에 회부한다. 대중문화를 옹호하기 위해 『계몽의 변증법』을 해석하는 사람들은 아도르노와 호르크하이머에게 이러한 반론을 제기한다. '영화를 대중기만을 위해 조작된 것이라 볼 수 있습니까? 영화는 대중을 위한 대중예술이 아닙니까? 영화처럼 대중의 욕망을 철저하게 반영한 문화가 또 어디 있습니까? 당신들은 대중들이 무엇을 원하는지 전혀 모르는 엘리트주의자입니다.'

대중문화 옹호론자들은 대중문화에 대한 비판을 무마하기 위해 대중문화를 소비하는 대중을 이 논쟁의 심판관으로 불러 세운다. 그리고 그들에게 묻는다. '자! 여기 대중문화와 고급예술 중 어떤 것이 당신들의 욕망을 반영하고 있습니까?' 배심원들은 대중문화를 위해 손을 든다. 그러면 대중문화 옹호론자는 저자들에게 이렇게 말한다. '자 보시오! 이들은 대중문화를 좋아하지 않소! 하지만 당신은 이들이 좋아하는 대중문화를 조작의 산물이라고 치부하지 않았던가요? 당신의 그런 태도야말로 이 시대에 어울리지 않는 엘리트주의적 태도의 산물입니다. 여기 증거가 있소!' 이들은 법정에서 아도르노의 「재즈에 관하여」와 『계몽의 변증법』 중 문화산업론을 자의적으로 편집하여 낭독하고 인용된 구절들을 아도르노와 호르크하이머가 엘리트주의자였음을 입증하는 증거로 제출한다. 그래서 아도르노와 호르크하이머는 대중문화를 폄하하는 엘리트주의자라는 딱지를 부여받고는 쓸쓸히 법정에서 퇴장하고 만다.

법정에서 아도르노와 호르크하이머에게 엘리트주의자라는 심판이 내려지는 순간, 심판관들은 아도르노가 쇤베르크를 옹호하기 위해 재즈를 비판하지 않았다는 사실을 망각한다. 법정 판결은 무효이다. 왜냐하면 저자들을 엘리트주의 혐의로 법정에 세울 때 기소했던 죄목은 잘못되었기 때문이다. 저자들의 비판대상은 대중문화가 아니라 문화산업이다. 그들은 대중문화의 외부, 즉 주체의 사망을 강요하면서 주체를 구조의 단순한 기능으로 변모시키는 '관리되는 사회'에서 문화가 생산되고 소비되는 방식을 '문화산업' 개념을 통해 비판하려 했었다. "문화산업: 대중기만으로서의 계몽"의 비판대상은 대중문화가 아니라 대중문화와 고급문화를 가로질러 횡단하는 계몽의 논리이다.

저자들에 따르면 문화산업의 논리는 인류의 오랜 논쟁 대상이었던 고급문화와 저급문화 사이의 양자택일을 시대착오적인 것으로 만든다. 왜냐하면 저급문화뿐만 아니라 고급문화도 문화산업의 지배 하에 놓이게 되면, 양 문화의 차이는 무색해지기 때문이다. 문화산업의 지배 하에서 고급문화와 저급문화의 차이는 형식적 차이에 불과하다. 대중문화가 '조작된 문화'와 동의어가 아니듯, 고급문화는 '조작되지 않은 문화'를 지칭하지 않는다.

　문화는 관리되는 사회에서 고급문화이든 대중문화이든 '야만성'에 협력했다는 혐의에서 벗어날 수 없다. 사람들은 대중문화와 고급문화라는 분리된 방만을 보고, 대중문화의 방에 들어가 있지 않는 사람을 고급문화를 숭상하는 엘리트주의자라고 비판한다. 아도르노와 호르크하이머는 어느 방에도 들어가지 않았다. 그들은 두 개의 방이 놓여 있는 토대를 보고 있다. 그 토대 위에서 그들은 양자택일적 상황을 끊임없이 산출하는 관리되는 사회의 작동원리를 고발한다. 관리되는 사회에서 주체가 아닌 구조의 기능으로 전락한 사람들은 자신이 욕망하지 않았고 선택하지 않았던 문화를 자신이 욕망했던 것이라고 판단하는 "역행적인 모방" 관계에 얽혀 들어가 있다. 저자들은 관리되는 사회의 문화를 비판하는 사람이지, 대중문화를 천하게 취급하는 엘리트주의자가 아니다.

분석 대상으로서의 문화산업

대중문화를 옹호하려는 사람들이 자신의 입장을 정당화하기 위해 『계몽의 변증법』 비판을 선택할 경우 흔히 취하는 전략이 있다. 이들은 대중문화 옹호를 정당화하기 위해 『계몽의 변증법』이 갖고 있는 고전으로서의 권위를 강조하면서, 동시에 이 고전의 '현재성'을 문제 삼으며 "문화산업: 대중기만으로서의 계몽"을 자의적으로 편집한다. 대중문화 옹호론자들이 "문화산업: 대중기만으로서의 계몽"에는 반대중문화적 담론들만 가득 찬 것처럼 편집한 덕택에, 많은 사람들은 문화산업 부분의 관련 담론은 『계몽의 변증법』 중에서 가장 '현재성'이 없는 구시대적 해석으로 치부한다. 문화산업 비판론이 대중문화 현상을 비판하고 있다는 지적은 정당하지만, 그 비판의 기원을 엘리트주의적 태도로 환원시킬 경우 문화산업의 은폐된 정치적 함의를 해명하는 문화산업론이 지니고 있는 '현재성'을 간과하는 우를 범한다.

저자들의 문화산업 비판은 엘리트주의적 태도에 의한 대중문화 비판 이상의 함축을 포함하고 있다. 문화산업 비판론에는 문화비판을 통한 사회비판이라는 비판적 성찰의 계기가 담겨 있다. 대중문화 옹호라는 강박관념에 시달리는 사람들은 가상의 엘리트주의적 대중문화 비판론을 만들어 내고, 유령 비판을 통해 정당성을 획득하려 한다. 문화산업 비판론에 대한 오해는 저자들이 대중문화 개념을 문화산업이라는 개념으로 대체한 이유에 대한 잘못된 판단에서 시작된다. 대중문화 옹호론자들은 대중문화 개념 대신 문화산업 개념을 내세우는 저자들의 접근 방식에 엘리트주의적 고급문화를 선호하는 취향이 숨어 있다고 해석한다. 하지만 저자들은 대중문화의 조작성을 엘리트주의적 시선에서 비판하기 위한 도구로 문화산업 개념을 채택하지 않았다.

1963년의 논문 「문화산업의 재고」에서 아도르노는 문화산업 개념을 사용하게 된 배경을 이렇게 설명했다. "문화산업이라는 용어는 호르크하이머와 내가 …… 『계몽의 변증법』에서 처음으로 사용하였다. 초고에서 우리는 대중문화라는 단어를 사용하였다. 우리는 대중문화라는 표현이 대중으로부터 자생적으로 산출된 문화, 즉 민속문화의 현재적 형태로 이해되는 것을 배제하기 위해 문화산업이라는 용어로 대체하였다." 아도르노가 대중문화 개념을 문화산업 개념으로 대체한 이유는 문화가 상품논리에 의해 의식적으로 조직되고 계획되는 점증하는 계기의 위험성을 지적하기 위해서이다. 아도르노의 문화산업 비판론이 겨누고 있는 비판의 대상은 조작의 산물인 대중문화에서 벗어나지 못하는 멍청한 대중이 아니라, 상품처럼 소비를 겨냥하고 계획적으로 생산되는 상부구조와 문화현상의 결합이 야기한 새로운 상황이다.

문화산업 비판론은 마르크스주의가 상부구조로 파악하는 문화영역에 경제가 침투해 상부구조와 하부구조가 결합하는, 즉 문화가 경제와 결합되는 새로운 방식에 대한 지적에서 출발한다. 『계몽의 변증법』에서 아도르노가 미국의 대중문화를 문화산업의 대표적 현상으로 파악한 이유는, 미국에서 문화의 생산과정이 조직되지 않은 삶의 양식에서 벗어나 상품처럼 계획되고 생산되는 사회변화가 먼저 등장했기 때문이지, 모더니즘 전통에 기반을 둔 구대륙의 고루한 지식인의 양키문화에 대한 혐오의 표현은 아니다. 문화산업 비판론은 대중문화 대 고급문화, 대중의 취향 대 조작된 취향이라는 이분법의 틀에서 대중문화란 조작된 취향에 불과하다는 의고적 태도를 표명하는 테제가 아니다. 문화산업 비판론은 대중문화 비판론이 아니라 대중문화와 고급문화를 가로질러 횡단하는 사회적 힘에 대한 비판론이다.

문화산업의 지배 하에서 고급문화와 저급문화의 차이는 형식적 차이에 불과하다. 문화가 조작된 것인가 아니면 욕망의 표현인가 하는 반사적 대립에 대한 양자택일을 강요하는 이분법보다는, 욕망의 표현과 조작을 패러독스한 관계로 만드는 문화 과정에 대한 비판이 더 중요하다. 문화산업 비판론은 대중문화의 옹호와 모더니즘에 기반을 둔 미학의 규준들의 옹호 사이의 양자택일이 아닌, 문화를 위협하고 있는 타율성의 논리에 맞서는 문화의 자율성 회복을 문제 삼는다.

예술과 대중문화가 문화산업의 논리에 동일하게 노출되어 있기에, 자율성 회복의 가능성 역시 예술과 대중문화 양자에게 부여되어 있다. 아도르노와 호르크하이머는 예술이 선험적으로 자율성 획득의 가능성을 갖고 있다고 보지 않았다. 자율성은 선험적 재단이 아닌 성취의 결과이기 때문이다. 문화산업의 지배는 계몽화 과정에서 일방적으로 전개된 경제적 이성이 제국주의적으로 확장된 결과이다. 따라서 저자들에게 문화산업 비판과 이성중심주의적 계몽비판은 동일한 문제틀로 작동하며, 자율성 회복은 계몽 이후의 상황, 즉 탈근대적 상황을 위한 전제 조건이 된다.

문화와 예술을 따라다니는 골치 아픈 질문은 '과연 그것은 유용한가?'이다. 문화의 유용성에 대한 질문은, 문화의 존재 정당성에 대한 질문이다. 문화의 유용성을 묻는 질문에 대한 대답은 두 가지로 갈라진다. 그 한 가지는 문화의 유용성이 문화의 무용성에서 기인한다는 대답이며, 또 다른 대답은 문화가 경제처럼 유용하다는 것을 입증하는 길이다. 문화산업은 후자의 길을 선택한다. 문화산업은 전자의 대답에 대한 또 다른 비판을 회피하기 위해 가장 손쉬운 방법을 택한다. 그 어느 누구도 무용한 것이라 의심하지 않는 경제의 원리에 문화의 원리를 접목시키고 문화를 경제로, 즉 산업으로 변용시키는 것이다. "영화나 라디오는 더 이상 예술인 척할 필요가 없다. 대중 매체가 단순히 장사(business) 이외에는 아무것도 아니라는 사실은 아예 한술 더 떠 그들이 고의로 만들어낸 허섭스레기들을 정당화하는 이데올로기로 사용된다. 그들 스스로 자신을 기업이라 부르며, 사장의 수입이 공개되면 그로써 그들의 생산물이 사회적으로 유용한가 아닌가에 대한 의심은 충분히 제거된 것으로 간주한다."(184) 유용성에 관한 질문에 문화산업은 재빨리 대답하지만, 이상주의적 미학의 원리에 포섭되어 있는 전통주의자는 우물쭈물거린다.

전통주의자는 예술의 유용성이란 '목적 없는 합목적성'이라는 옹색한 대답을 내놓지만, 문화산업은 자신 있게 시장의 원리에 따른 '목적 있는 무목적성'을 선언한다. 예술의 목적은 자명하지 않지만, 문화산업의 목적은 자명하다. 문화산업의 목적은 이윤이다. 그 목적을 수행하기 위한 수단은 '무목적'에 의해 지배되어도 아무런 상관없다. 문화산업의 합리성 체계에서 수단은 목적에 기여해야 하는 기술적 합리성에 다름 아니기 때문이다.

저자들은 대중문화가 산업화된 문화, 즉 문화산업이라는 것을 입증하기 위해 대중문화 관계자들이 자신을 정당화하는 담론을 분석한다. 대중문화의 관계자들은 대중문화의 진보성을 통해 자신을 정당화하는데, 그들이 자신을 기술하고 자신을 정당화하는 담론에는 기술적 용어와 산업적 용어가 사용된다. "그들은 문화산업에 수백만이 참여하기 때문에 수많은 장소에서 동일한 상품에 대한 동일한 욕구를 충족시키기 위해서는 어떤 방식이든 재생산 과정이 필요하다고 주장한다. 생산의 중심지는 몇 안 되지만 수요는 여기저기 산만하게 흩어져 있다는 기술적 문제가 경영에 의한 조직과 계획을 필요하게 만든다고 얘기한다."(184)

하지만 이들이 문화의 진보라고 정당화하는 문화의 합리화 주장은 지배의 합리성에 다름 아니다. 그들은 문화가 대량 생산되어야 할 필요성이 대중의 욕구에서 기인한다고 주장한다. "규격품이란 본래 소비의 욕구에서 나왔다는 것이며 그 때문에 규격품은 별 저항 없이 받아들여진다는 것이다."(184)

하지만 이들의 주장은 "문화산업의 조종과 이러한 조종의 부메랑 효과인 수요가 만드는 순환 고리"(184)를 은폐한다. "청중이 문화산업의 체계를 선호하고 있다는 것은 그 자체가 체계의 일부이지 체계를 변명하기 위한 구실은 아니다."(186)

유럽에서 문화는 직접적인 시장의 지배를 받지 않고 국가에 의해 보호된다. "독일에서는 많은 것들이 서유럽 국가들을 공략한 시장 메커니즘으로부터 벗어나고 있었다. 대학을 포함한 독일의 교육제도 안에서 예술적 권위를 유지하고 있는 대규모 오케스트라나 박물관 등이 아직 비호를 받고 있었다. 정치세력과 국가나 지방의 행정부서들은 그러한 문화 제도들을 절대주의로부터 물려받았는데, 그들은 19세기까지 존속했던 제후들이나 봉건 귀족들이 했던 것처럼 그러한 문화 제도들이 시장의 지배 관계로부터 약간이나마 독립할 수 있는 여지를 보장해 주었다. 이것은 마지막 사멸의 단계에 있는 예술로 하여금 수요 공급의 법칙에 저항하는 것을 가능하게 했을 뿐만 아니라, 실제로 제공된 보호 이상으로 문화 제도들의 저항력을 강화시켜 주었다."(201) 문화산업이 문화-경제의 융합 모델이라면, 저자들이 위에서 상술한 독일 모델은 문화-정치의 융합모델이다. 문화산업 모델은 문화-경제의 융합현상에 주목하면서 사실상 문화를 경제에 복속시킨다. 문화산업 모델을 지향하는 사람들은 문화-정치의 융합모델인 독일 모델이야말로 엘리트주의적 모델이라고 비난하고, 엘리트주의적 모델의 한계를 벗어날 수 있는 가능성으로 문화-경제의 융합을 꾀하는 문화산업 모델의 정당성을 제기한다.

문화산업 모델과 독일 모델은 거울관계이다. 각각의 모델은 자기 정당화를 타자의 한계지적을 통해 수행한다. 문화산업 모델은 독일 모델의 치명적 한계를 파고들며 자신을 정당화한다. 독일 모델에 따르면, 문화는 '보호받아야 하는 예외적인 영역'이다. 문화를 보호받아야 하는 예외적인 영역으로 간주하는 독일 모델은, 문화가 자율성을 획득하기 이전 귀족의 스폰서십에 의존해야 했던 봉건적 흔적을 갖고 있다. 독일 모델은 과거 귀족의 스폰서십을 국가의 스폰서십으로 대체했을 뿐, 문화를 경제와 동떨어진 인간정신의 활동의 산물이라는 관점을 여전히 유지하고 있다. 문화를 보호받아야 하는 특별한 대상으로 설정할 경우 문화는 좁은 의미의 문화예술 활동의 산물로 축소되며, 이는 불가피하게 문화예술의 탈아우라 현상을 거슬러 올라가 특권적 영역으로서의 문화예술관을 옹호한다. 독일 모델은 불가피하게 엘리트주의적 문화해석의 혐의를 받을 수밖에 없다.

문화-정치의 융합에 의한 문화의 보호 필요성은 더 이상 타당하지 않은 것으로 간주된다. 문화산업 모델에 따르면 문화는 특별한 영역이 아니라, 다른 재화처럼 시장의 법칙에 종속되어야 하는 상품이다. 문화산업 모델은 독일 모델의 엘리트주의를 비웃으며 탈정치주의를 꾀한다. 문화산업 모델은 문화–정치의 융합을 문화–경제의 융합으로 대체한다. 문화산업은 문화–경제의 융합현상을 지지하면서, 독일 모델의 한계를 비웃는다. 문화산업 모델은 독일 모델을 엘리트 모델로 규정하고 자신의 모델은 대중적 민주주의 모델이라 주장하며 자신을 정당화한다. 문화산업 모델이 비판하는 예술의 귀족주의는 비판의 대상임이 틀림없다. 문화산업 모델은 귀족주의적 태도와 결부되어 있는 예술의 낡은 계급주의에 대해 대중들이 갖고 있는 낯섦을 자신의 목적을 위해 활용한다. "물질적 실천과 반대되는 자유의 왕국이라고 스스로를 내세우는 시민 예술의 순수성이란 처음부터 하층 계급을 배제시킨 대가로 얻어진 것이다. …… 삶의 곤궁과 압박으로 말미암아 '진지함'이라는 것이 조롱거리로밖에 느껴지지 않는 사람에게 '진지한 예술'은 낯선 것이다."(205)

　저자들의 분석 대상이자 비판 대상은 문화의 상품화 일반이 아니다. 문화산업은 "자본의 보편적인 법칙"으로부터 탄생한다. 자본의 법칙은 그 내부에 독점화를 유발하는 경향을 포함하고 있다. 비판대상으로서의 문화산업은 문화의 상품화 일반이 아니라 자본의 논리에 의한 문화산업의 독점화 경향이며, 독점화된 문화산업이 유발하는 정치적 효과이다. 문화산업은 전통적인 엘리트에 의한 문화독점과는 구별되는 새로운 문화독점 현상을 빚어낸다. "현대의 문화독점 기업은 몇몇 비슷한 유형의 기업들과 함께 대부분이 겪은 해체와 분산의 위기를 넘기고 살아남은 경제 분야의 하나다." (200)

문화산업의 독점화와 이로 인한 문화생산의 독점은 두 가지 독점을 낳는다. 그 하나는 문화상품 공급의 독점이며 또 다른 독점은 문화상품이 유통되는 중요 통로인 매체의 독점이다. 문화산업은 문화상품의 공급 독점과 매체를 독점할 때 독점자본으로서의 성격을 완수한다. 이중적 의미로 독점화된 문화산업은 탈정치적인 듯 보이지만, 은폐된 정치적 효과를 발휘한다. 아도르노와 호르크하이머는 바로 문화산업에 내재된 정치적 효과에서 현대적 야만의 징후를 읽는다.

문화산업의 정치적 효과와
현대적 야만의 징후

    문화산업은 탈이데올로기를 추구하지만, 문화산업이 주장하는 자유주의적 탈이데올로기 노선은 숨겨진 또 다른 이데올로기일뿐이다. 저자들은 탈이데올로기, 탈정치를 추구하는 문화산업 모델에 숨겨져 있는 정치 이데올로기를 비판한다. 저자들이 문화산업을 분석하는 이유는 간단하다. 문화산업은 고도로 발전된 사회에서 사람들의 일상을 지배하는 코드이기 때문이다. "사람들의 여가 시간은 문화산업이 제공하는 획일적 생산물로 채워질 수밖에 없다."(189)

    문화산업은 자유주의적으로 보인다. 문화산업은 어떠한 형태의 이데올로기에도 반대하는 외양을 취한다. 문화산업은 자신이 탈정치적이라고 선전한다. 하지만 탈이데올로기적으로 보이는 문화산업은 또 다른 이데올로기, 즉 시장과 산업을 숭상하는 예배당이다. 저자들은 문화산업의 탈정치적 성격이 갖는 은폐망을 파헤친다. 그들은 라디오에 주목한다. 히틀러 시대의 라디오는 "세계를 향한 총통의 입"(240)이었다. "길거리의 확성기에서 울리는 총통의 목소리

전 독일이 라디오를 통해 지도자의 목소리를 경청한다.

는 공습의 공포를 알리는 사이렌 소리로 이어지는데, 오늘날의 프로파간다도 이와 별로 다르지 않을 것이다. 나치들도 무선 방송이, 종교 개혁에 끼친 인쇄술의 역할처럼, 그들의 원대한 계획에 모양을 갖춰 주리라는 것을 알았다. 종교사회학에 의해 착상된 총통의 형이상학적인 카리스마란 바로 라디오를 통해 어디서나 들을 수 있는 총통의 연설이었다."(240) 히틀러의 라디오와 달리 문화산업의 생산물을 방송하는 미국의 라디오는 자유주의적 외양을 갖추고 있다.

더 나아가 라디오는 토스카니니와 베토벤을 공짜로 방송하는 자선행위로 보이기도 한다. "문화산업은 예술작품을 정치적 구호처럼 포장해서 결코 호락호락하지만은 않은 청중들에게 싼값으로 퍼붓는다. 공원처럼 예술작품도 민중에게

접근 가능한 것이 되었다."(241) 독일에서 총통은 라디오에서 심각한 목소리로 소리 지르지만, 문화산업이 제공하는 라디오에선 감미로운 아나운서의 목소리와 함께 자선단체 라디오 방송국이 공짜로 제공하는 온갖 정보와 음악이 울려 퍼진다. 부드럽고 온화하고 자애심이 넘치는 라디오를 아무도 의심하지 않는다. "청취자는 총통의 연설이 순전한 거짓말이라는 것은 알지만 토스카니니 방송의 진정한 의미를 알아채기는 어렵다."(240)

전체와 부분의 관계와 통일성의 원리

문화산업은 문화를 합리화한다는 구실로 문화를 잘 짜인 체계로 바꾸어 놓는다. 문화산업은 산업의 독점 자본을 흉내 내 문화의 생산과정을 조직화하며, 그를 통해 문화산업 자체가 독점자본으로 성장한다. 독점으로 성장한 문화산업과 그보다 먼저 독점의 지위에 올라선 산업자본 사이의 차이는 점차 무색해진다. 독점 산업자본처럼 체계 구축을 통한 합리화만이 문화산업의 경쟁력의 원천이 된다. 문화산업이 생산해내는 상품은 잘 짜인 체계의 생산품이며, 그 생산품 자체도 생산과정처럼 잘 짜인 체계의 성격을 지닌다.

문화산업의 상품은 물샐 틈 없는 통일성을 지향하는 체계와 같다. 즉흥적인 연기처럼 보이는 코미디가 제공하는 웃음

또한 자동차를 생산하듯 사전에 치밀하게 계획하고, 연습하고, 유발하는 효과를 예측한 결과 등장한 계산적 합리성의 산물이다. 체계를 구축하는 부분들은 체계를 위해 기능해야 한다. "인기 가요에서 효과를 보이는 짧고 단속적인 인터벌, 유쾌한 재밋거리에 불과하겠지만 간혹 벌어지는 인기 배우의 창피스러운 실수, 남자 배우가 연인에게 휘두르는 억센 손찌검, 또는 응석받이 상속녀를 거칠게 다루는 것 등은 다른 자질구레한 사항들처럼 어떤 작품에서나 임의로 사용할 수 있는 준비된 상투 수법들로서, 그 역할이란 이미 짜인 틀 속에서 그들에게 부여된 목표를 달성하는 것뿐이다. 이러한 것들의 존재 이유란 그들이 오직 전체 틀을 유지하기 위한 구성 부분이 됨으로써 그 틀을 확인하는 것이다."(190)

계몽의 논리에서 밝혀진 것처럼 문화상품 안에서 체계를 위해 순기능을 담당하지 않는 부분은 과잉일 뿐이다. 체계를 위해 기능을 담당하지 못한 부분은 제거되어야 한다. 부분들은 전체를 위해 조화롭게 구성되어야 한다. 부분들의 조화로운 관계는 전체의 목표를 향해 기능해야 한다. 그 체계의 목표는 이윤이다. 이윤 창출이라는 문화상품의 목적을 위해 영화를 구성하는 모든 요소들은 상품으로서의 영화의 목적에 기여해야 한다.

자본주의가 고도화됨에 따라 문화는 점차 산업화되며, 산업화된 문화에서 문화와 경제의 원초적 대립은 무화되어 문화는 경제의 논리에 포섭된다. 상품경제의 논리는 양화의 법칙을 충실히 따른다. 상품경제의 논리에 지배되고 있는 사회에서, 상품의 사용가치는 교환가치에 종속된다. 모든 상품은 그 상품의 사용가치의 질적 차이보다는 교환가치의 차이, 즉 가격의 차이에서만 의미를 지닌다. 문화산업이 제공하는 문화라는 상품의 생산과정에는 상품의 생산과정에서 나타나는 포드주의적 방식이 은밀하게 혹은 대범하게 전면에 부각된다. "대중에게는 각계 계층을 위해 다양한 질의 대량 생산물이 제공되지만, 그것은 양화(Quantifizierung)의 법칙을 더욱 완벽하게 실현시키기 위한 것이다. 모든 사람은 미리 자신에게 주어진 수준에 걸맞게 자발적으로 행동하며 자기와 같은 유형을 겨냥해 제조된 대량 생산물을 고른다."(187) 포드주의적 생산방식이 노동과정에 참여하는 노동자들을 부속품으로 전락시키는 것처럼, 포드주의적 방식의 합리화에 의해 대량 생산되어 대량 보급되는 문화산업의 문화상품은 문화 향유라는 표현을 시대에 뒤떨어지게 만들며, 그 대신 문화의 소비자라는 경제학의 용어를 사용하게 만든다. 이로써 문화의 소비자는 포드주의적 법칙에 말려든다.

상품의 범주에서 '전체'라는 범주보다 '부분'이라는 범주는 우위를 차지하며, 전체는 부분들의 조립 혹은 합에 불과하다. 포드주의적 생산방식에 따르면, 자동차라는 전체는 자동차를 구성하고 있는 부품들의 조립의 결과물이다. 자동차를 만들기 위해 자동차 설계자는 가능한 한 자동차를 구성하고 있는 부분들, 즉 부품들을 엄밀하게 설계해야 하며, 자동차 생산에 있어서 가장 핵심적인 것은 자동차를 구성하고 있는 각각의 부분들 사이의 조화로운 관계이다. 자동차라는 복합 부품으로 구성되어 있는 상품의 품질은 자동차를 구성하고 있는 각각의 부품들이 서로 얼마나 조화롭게 기능하는가에 달려 있다.

문화산업의 합리성은 지배의 합리성으로 귀결될 수밖에 없다. 문화산업이 창출하는 발신-수신의 화용적 관계는 문화산업의 합리성을 지배의 합리성으로 만들어 버리는 기제이다. 문화산업에 의한 문화의 합리화는 소수의 발신자와 다수의 수신자라는 화용적 관계를 정착시킨다. 문화산업 소비자는 자신의 입맛에 따라 다양한 문화상품에 대한 선택권을 지닌 듯 보이지만, 문화상품을 공급하는 문화산업의 생산자는 선택의 범위를 결정하는 신과 같다. 저자들은 전화의 화용적 관계와 라디오의 화용적 관계를 비교한다. 전화를 통해 대화를 나누는 사람들은 서로 대화에 참여할 수 있는 동등한 위치를 차지한다. 전화는 양자가 동등한 위치를 지니고 동등하게 발화할 때 의미 있다.

하지만 문화산업화된 라디오는 전화와는 확연하게 구별되는 화용관계를 만들어 낸다. 라디오는 "청취자들을 서로 엇비슷한 방송 프로그램들에 권위적으로 복종"시키며, 청취자가 "자신의 의사를 말할 수 있는 어떤 응답 장치"(185)도 개발되지 않았기에 청취자는 화용관계에 동등하게 참여할 수 없다. 청취자에게 가능한 역할은 단지 '좋은 청취자'일 뿐이다. 좋은 청취자도 라디오를 통한 화용관계에서 수동적 지위에서 벗어날 수 없다. 문화산업에 내재한 전체—부분의 관계는 불가피하게 개인의 몰락을 가져온다.

문화산업과 주체의 몰락: "문화산업은 하자 없는 규격품을 만들 듯이 인간들을 재생산하려 든다"

자동차를 위해 기능해야 하는 각각의 부품이 처한 운명은 계몽화된 사회에서 각 개인이 사회라는 전체를 위해 맺어야 하는 관계와 유사하다. 부품이 자동차의 원활한 기능 유지를 보장하는 한 의미를 지니는 것처럼, 개인 또한 사회를 위해 기능을 담당하는 경우에만 의미를 획득한다. "문화산업에서 개인이라는 관념이 환상이 되는 것은 생산방식의 표준화 때문만은 아니다. 개인이라는 관념은 개인과 보편성과의 완전한 동일성이 문제되지 않을 경우에만 용납될 수 있다."(233)

문화상품이 양화를 촉진하는 포드주의적 방식의 결과물

이라면, 이러한 생산품을 소비하는 수용자 역시 포드주의적 방식의 노동이 생산과정에 참여하는 노동자에게 불러일으키는 소외에 휘말린다. 노동과정 속의 표준화된 노동의 반복에 의해 노동자에게 '노동'은 고역일 뿐 창조가 아니다. 따라서 포드주의적 방식의 노동에 참여하면 참여할수록 노동자는 자신의 노동력만을 지출할 뿐, 노동력 지출의 대가로 자기계발을 얻지 못한다. 이러한 관계는 문화상품의 소비에서도 마찬가지로 적용될 수 있다. 저자들은 문화상품의 소비를 이렇게 표현한다.

"문화상품의 속성은, 제작물을 제대로 파악하기 위해서는 민첩성과 관찰력과 상당한 사전 지식을 요구하지만, 관객으로 하여금 —재빨리 스쳐 지나가는 사실들을 놓치지 않기 위해— 적극적으로 사유하는 것을 불가능하도록 만든다는 데 있다."(192) 저자들이 묘사하고 있는 영화를 보는 수용자의 태도는, 컨베이어 벨트 시스템에서 노동자들이 눈앞에 나타나는 부품들을 기계적이고 반복적으로 처리해야 하는 상황과 유사하다. "정신적 생산이 이루어지는 모든 부문을 동일한 방식에 의해 동일한 목적 아래 굴복시킴으로써, 또한 저녁 때 공장을 떠난 후 다음날 아침 정확이 일터로 복귀할 때까지의 시간 동안 사람들의 감각을 낮 동안 행하는 노동과정의 연장선상에 묶어둠으로써, 문화산업에 의한 문화의 장악은, 대중화에 대한 반대 속에서 개성을 옹호하는 철학자들이 주장하는 통일적 문화라는 개념을 희화적으로 충족시킨다."(199)

컨베이어 벨트에서 작업하는 노동자는 각각의 부품에 대해 성찰할 수 있는 시간이 없다. 컨베이어 벨트에서 작업하는 노동자에게는 "시간은 돈이다"라는 시간경제학의 원리가 적용되며, 따라서 노동자에게 요구되는 기능은 성찰이 아니라 눈앞에 나타나는 새로운 과제에 재빨리 적응할 수 있는 순발력이다. 노동자에게 필요한 능력은 사유가 아니라 반응이다. 영화를 보는 관객은 재빨리 지나가는 이미지의 흐름에 순발력 있게 반응해야 한다. 관객이 영화를 보면서 성찰에 빠지게 되면, 그는 효과적인 영화 관람을 할 수 없다. 영화에서 재빨리 제공되는 자극에 재빨리 반응하는 사람만이 영화의 흐름을 따라갈 수 있다.

문화산업이 제공하는 행동규범과 표준화:
"전 세계는 문화산업이라는 필터를 통해 걸러진다"

문화산업은 사람들의 여가 시간을 통제한다. 사람들의 여가 시간을 꽉 채우고 있는 문화산업의 상품을 통해, 문화산업은 '교회'이자 '학교'이자 '정당'의 역할을 한다. "저녁 때 공장을 떠난 후 다음날 아침 정확히 일터로 복귀할 때까지의 시간 동안 사람들의 감각을 낮 동안 행하는 노동 과정의 연장

선상에 묶어 둠으로써" 문화산업은 노동시간을 통제하는 산업자본과 동맹자가 된다. 산업자본가는 노동자들을 포드주의적 생산방식에 밀어넣고, 여가 시간에 그들의 다른 동료가 생산한 포드주의적 생산품을 소비하기를 권유한다.

포드주의가 노동자에게 주입하는 리듬은 퇴근 후에도 지속된다. 산업자본의 통제에서 노동자들이 풀려나면, 산업자본을 흉내내 포드주의적 방식을 도입한 문화산업이 은밀한 후원자의 역할을 맡는다. '대량생산'과 '대량소비'를 통한 '표준'의 생산과 소비는 여가 시간을 채우고 있는 문화산업의 논리이다. 여가 시간에도 노동자들은 대량생산 대량소비를 통한 표준 유지에 내몰린다. 하지만 그들은 산업자본의 논리를 문화산업이 물려받았음을 눈치 채지 못한다.

"아웃사이더가 된다는 것은 가장 큰 죄다."(227) 누구나 대세를 추종해야 한다. 대세를 따라가지 못한 사람은 아웃 사이더가 되며, 행동 규범이 표준화된 사회에서 아웃 사이더는 악인 취급을 받는다. "아웃사이더는 영화 속에서라면 혹시 씁쓸한 유머로서 너그럽게 봐줄 수 있는 별종이 될 수도 있을 것이다. 그러나 대부분의 경우 사회는 착한 다수에 피해를 주는 실수를 범하지 않기 위해 그러한 아웃사이더가 어떤 행동을 저지르지 않았는데도 처음 보는 순간부터 그를 악인 취급한다."(227)

문화산업이 제공하는 "'깊이'에 대한 대용물"을 섭취하지 못한 사람, "과시용으로 삼을 수 있는 잡다한 교양"을 체득하지 못한 자는 아웃 사이더가 된다. 아웃 사이더로 판명될 수 있는 표준적 행동규범은 독재자나 종교지도자가 제공하지 않는다. 문화산업이 바로 그 기준을 제공한다. "TV 화면은 끊임없는 광고로, 드라마로 우리를 위협한다. 당신이 뚱뚱하면 혹은 입 냄새가 나면, 최신형 기기를 모르면 집단에서 따돌림을 받게 된다. 그러니까 우리 제품을 사라."(마이클 무어, 「볼링 포 콜럼바인」)

아웃 사이더임은 죄악이 되기에, 표준적 행동규범에 따라 행동하고 있는 문화산업이 지배하고 있는 사회에서 개성은 더 이상 개체의 특성이라는 고유한 의미를 상실했다. 개성은 표준적 행동규범의 체계 안에서만 발휘되는 개인의 특성이다. 개인의 개성은 문화산업이 제공하는 표준적 행동규범에 대한 적응능력에 다름 아니다. "사람들은 라이프지나 타임지를 구독해야 하는 것처럼 미세스 미니버를 봐야만 한다."(238)

문화산업은 개인들이 동일시해야 할 삶의 모델들을 끊임없이 제공한다. 문화산업은 좋은 남자친구가 되는 법, 좋은 아내가 되는 법, 좋은 부모가 되는 법을 시민들에게 교육한다. "젊은 처녀가 의무적인 데이트를 수락하고 끝내는 방식, 전화를 받을 때나 가장 친밀한 상황에서 보여 주는 억양, 대화에서의 단어 선택 등, 어느 정도 평가절하는 되었지만 심층 심리학에 따라 분류할 수 있는 내면생활 전체는 자기 자신을 성공에 적합한 장치로 만들려고 노력하는데, 이러한 장치는 충동이 드러나는 방식에 이르기까지 깊숙이 문화 산업이 제시하는 모델을 따르고 있다."(250-251)

한술 더 떠 사람들은 실제의 남편과 아내, 부모를 문화산업이 제공하는 표준적 모델에 따라 평가한다. 자신의 남자친구는 드라마의 주인공처럼 '이벤트'를 통해 사랑을 확인해주지 않으면 남자친구로서의 역할을 제대로 수행하지 않는다고 평가된다. 더 이상 개인은 개성의 정류장이 아니라, 문화산업이 제시하는 모델의 저장창고이다. 개성은 사이비가 된다.

문화산업과 거짓 욕망:
"즐거움은 딱딱한 지루함이 되고 만다"

저자들이 인용하는 경구 "기쁨은 가혹한 것이다(res severa verum gaudium)"(214)는 문화산업이 제공하는 욕망에 저당 잡힌 결과 인간들이 치러야 하는 대가에 대한 경고이다. 문화산업은 끊임없이 "무엇인가를 제공하고 그럼으로써 무엇인가를 박탈"(214)한다. 문화산업의 상품은 소비자에게 '웃음' 과 '충동' 을 제공하지만, 저자들이 보기에 그 웃음과 충동은 은밀히 사람들의 웃음과 충동을 제거한다. "문화산업은 소비자의 모든 욕구가 실현될 수 있는 것처럼 제시하지만, 그 욕구들은 문화산업에 의해 사전 결정된 것이다."(215) 문화산업의 모든 상품에 대한 반응은 사전에 치밀하게 계산되었다. "제작물은 모든 반응을 미리 지시해 준다."(208) 드라마에는 이미 시청자들이 웃음을 통해 반응을 보여야 할 대목, 눈물을 통해 반응해야 하는 장면, 분노해야 할 에피소드들이 이미 사전에 치밀한 계산을 통해 프로그램화되어 있다. 시청자들은 웃음, 분노와 눈물이 자연스러운 감정표현이라 믿지만 시청자들은 프로그램화되어 있는 '반응장치'에 자동으로 반응하는 자동기계와 유사하다.

문화산업이 자신의 정당성을 주장하기 위해 내세우는 단골 메뉴인 '욕망'의 실현 역시 프로그램화된 장치의 산물이다. 그렇기에 문화산업이 소비자들을 만족시킨다는 알리바이로 내세우는 욕망은 사실 실현될 수 없다. 그 욕망은 소비자들의 욕망이 아니다. 문화산업이 제공할 수 있는 그 어떤 것만이 욕망으로 포장된다. 그 욕망은 순수한 조작의 산물이 아니다. 그 욕망은 적어도 사람들의 욕망의 언저리에서 출발하지만, 문화산업은 사람들의 욕망을 자신들의 방식으로 재조직한다.

문화산업을 옹호하는 자들은 문화산업의 생산품들은 대중들의 욕망에 기초하며, 대중들의 욕망을 충족시켜 주기에 진지한 예술이 담당하지 못한 기능을 행사한다고 자화자찬을 늘어놓는다. 하지만 문화산업은 "그들의 소비자에 대해 자신이 끊임없이 약속하고 있는 것을 끊임없이 기만한다." (211-212) 주말연속극의 매회 끝 장면은 다음 시리즈에 무엇인가를 '약속' 하는 듯한 제스처를 취한다. 문화상품은 이렇게 소비자의 욕망을 자극한다. 하지만 문화산업이 불러일으킨 약속에 현혹되어 문화산업이 소비자에게 불어 넣고 싶은 욕망을 내면화한 사람은, 드라마의 다음 편을 욕망하지만 정작 그 소비자가 다음 드라마를 보았을 경우 전편의 약속과 전편이 일깨운 욕망은 온데간데없이 사라진다.

문화산업은 충동을 부추긴다. 하지만 문화산업은 자신이 부추긴 충동을 동시에 억압한다. 문화산업에 의해 부추겨진 '충동'은 계몽화된 사회를 비판하는 원시적 힘으로 작용하지 못한다. 그것은 계몽화된 충동에 불과하기에, 충동이 지닌 원시적 파괴력은 이미 거세되어 있다. "문화산업은 충동을 승화시키는 것이 아니라 억압한다. 문화산업은 착 달라붙은 스웨터 속의 가슴이나 스포츠 영웅의 벌거벗은 상반신과 같은 욕망의 대상을 끊임없이 노출시킴으로써 승화되지 않은 전희를 자극하지만, 실제로는 성적 충동의 현실적 충족 불능을 습관화시킴으로써 결국에는 그러한 전희를 마조히스트적인 것으로 불구화한다."(212)

문화산업의 위치가 확고해지면 문화산업은 더욱더 소비자의 욕구를 능란하게 다룰 수 있게 된다. 더 나아가 문화산업은 소비자들에게 없던 욕망도 생산하여 제공한다. 문화산업의 전일적 지배에 포섭되면 소비자는 자신의 원초적 욕망과, 문화산업에 의해 조장되고 조종되는 욕망을 구별하지 못한다. 사랑과 섹스에 대한 욕망은 인간의 원초적인 욕망임이 틀림없다. 하지만 사랑을 하는 방식, 사랑이 달성되는 구체적 형태에 대한 개인의 욕망은 문화산업에 의해 조장되고 조종된다. 사랑에 대한 욕망과 신데렐라와 같은 사랑에 대한 욕망은 다르다. 문화산업은 사랑에 대한 욕망을 알리바이 삼아, 은밀히 소비자에게 신데렐라 콤플렉스를 부추긴다.

문화산업은 끊임없이 소비자들에게 유흥을 제공한다. 소비자들은 문화산업이 제공하는 유흥에 따라 웃고 즐긴다. 하지만 문화산업이 제공하는 유흥은 은신처이다. "즐긴다는 것이 의미하는 것은 항상 무엇인가에 대해 더 이상 생각하지 않는 것, 고통을 목격할 때조차 고통을 잊어버리는 것이다. 즐김의 근저에 있는 것은 무력감이다. 즐김은 사실 도피다."(219) 유흥은 해방을 제공한다. 유흥이 제공하는 해방은 사람들로 하여금 벗어나고 싶은 현실로부터의 도주라는 욕망을 만족시켜 준다. 하지만 문화산업이 제공하는 웃음은 현실로부터 도주하고 난 이후, 자신이 극복한 현실에 대한 패러디에서 기인한 웃음이 아니다. 그 웃음은 쓴웃음을 지을 수밖에 없는 현실 속의 도피 장소 안에서의 웃음이다. 그러기에 그 웃음은 "부정성을 의미하는 사유로부터 해방"된 자들만이 지을 수 있다. 계몽화된 사회에서 웃음은 원천적으로 봉쇄되어 있다. 진정한 웃음은 계몽을 벗어난 사회에서나 가능하다. 하지만 계몽의 논리에 충실한 문화산업은 곳곳에서 웃음을 불러일으킨다. 그 웃음은 철저히 계산된 장치에 의해 유발된 웃음이다.

문화산업의 정치적 효과:
"대중문화의 단계에서 새로운 것은 새로움을 배제하는 것이다"

　문화산업은 로또의 기능을 한다. 매주 누군가는 로또의 행운을 부여잡는다. 이것은 확실하다. 확률적으로 로또 당첨은 '우연'에 가깝다. 하지만 그 우연은 한 개인의 삶을 완전히 바꾸어 놓는다. 로또를 구입하는 사람들은 당첨 확률이 우연에 가까움을 너무나 잘 알고 있지만, 우연에 투기를 한다. 문화산업은 로또 당첨과 같은 우연한 행운에 의한 인생역전을 제도화한다. "탤런트 사냥꾼에 의해 발견되어 제작 스튜디오 속에서 혜성처럼 등장한 인물"은 우연한 행운에 의한 인생역전의 알레고리이다. 문화산업은 스타에 대한 욕망을 지속적으로 소비자들에게 불러일으키며, 동시에 스타는 로또 당첨처럼 우연히 캐스팅되었다는 점을 은근히 강조한다. 사람

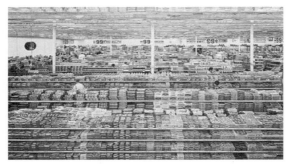

Andreas-Gursky, 99 Cent.

들이 이번에는 그 행운의 주인공이 자신이라고 확신하며 로또를 구입하듯, 우연한 캐스팅에 의해 미운 오리새끼에서 화려하게 백조로 재탄생한 여배우의 성공스토리는 로또 구입을 위한 심리적 위안과 유사하게 작용한다. "신인 여배우는 화려한 무도복을 입는다는 점에서 보통 사람과 차이가 나지만 근본적으로 여사무원의 상징이다."(220) 화려하게 백조로 재탄생된 여배우가 등장하는 영화를 관람석에서 구경하는 여사무원은 그 우연한 행운의 주인공이 된 자신을 상상하며 여배우에게 자신을 투사한다. 여사무원과 여배우 사이에는 엄청난 심연이 놓여 있다. 하지만 그 심연은 로또 당첨과 같은 우연한 캐스팅에 의해 단번에 사라진다. 이렇게 문화산업은 로또가 제공하는 백일몽을 소비자들에게 제공한다. 그렇기에 문화산업은 꿈을 만들어 내는 꿈의 공장이다.

문화상품은 다른 상품과 자신의 차별성 부각을 위해 늘 새로운 것을 추구하는 것처럼 보이지만, 그 새로움은 허위 새로움이다. 문화산업은 정치적 검열과는 구별되는 새로운 산업적 검열을 만들어 내는 시스템이 된다. 독재국가는 정치적 목적에 따라 문화를 통제하고 검열한다. 독재국가의 문화통제와 달리 독점 문화산업이 지배하고 있는 국가는 정치적으로 자유주의적으로 보인다. 하지만 '검열'의 기제는 여전히 작동한다. 독재국가에서 검열의 주체가 정부였다면, 문화산업이 문화를 장악하고 있는 국가에서 검열관은 사적 영역으로 분산된다. 이윤을 창출할 수 없는 것은 문화산업에 의해 통제된다. 예술적 완성도는 전혀 고려 대상이 아니다. 유일한 고려 대상은 이윤 창출 가능성 여부이다. "영화 제작자는 베스트셀러에 의해 보증된 안심할 수 있는 원고가 아닌 경우 모든 원고에 대해 의심의 눈길을 보낸다."(204) 왜냐하면 '정말 새로운 것'은 문화상품의 이윤 실현에 방해가 되기 때문이다. 문화산업은 늘 새로운 기획, 참신한 아이디어, 충격적인 영화, 새로운 스타와 같은 구호를 선전물로 사용하지

만, 그 새로움은 유사 새로움에 불과하다. 문화산업에는 문화가 '유흥' 이상이 되고자 하는 무엇에 대한 적대감이 내

포드주의적 생산방식.

포되어 있다. 문화산업의 목표는 '진지함'도 '진실성'도 아니다. 문화산업의 목표는 '이윤'이다. 돈이 되는가 되지 않는가는 문화산업이 사로잡혀 있는 새로운 이데올로기이다.

문화산업은 유행현상 창출을 위해 지속적으로 새로움을 신드롬으로 만들지만, 문화산업이 제공하는 새로움은 새로움이 아니다. 진정한 새로움은 우리에게 전혀 알려져 있지 않은 것이다. 따라서 문화의 새로움은 철저하게 외면당할 수도 있다. 고립된 아방가르드는 바로 이것에 대한 대표적인 예이다. 상업적 이윤을 추구하는 문화산업은 유사 새로움을 위해 아방가르드의 외양을 차용하지만, 절대 아방가르드의 정신을 수용하지 않는다. 아방가르드는 장르의 규칙을 존중하지 않는다. 아방가르드는 양식을 따르지도 않는다. 아방가르드는 장르 규칙과 양식을 파괴하고자 한다.

"위대한 예술가들이란 결코 매끈하고 완전한 양식을 구현한 사람들이 아니라 카오스적인 고통의 표현에 대항하기 위한 강인함으로서, 즉 양식을 부정적 진리로서 작품 속에 받아들인 사람들이다. …… 쇤베르크나 피카소에 이르기까지 위대한 예술가들은 양식에 대한 불신감을 품고 있으며 결정적 국면에서는 양식보다는 사물의 논리를 따른다."(197-198) 아방가르드의 외양을 차용한 최신 유행의 문화상품을 지속적으로 쏟아내는 문화산업의 새로움은 새로움의 배제에 다름 아니다.

6장

"반유대주의적 요소들: 계몽의 한계"에 대한 주석

유대인 디아스포라와 반유대주의의 역사

아도르노와 호르크하이머가 분석하는 또 다른 현대적 야
만은 '반유대주의(Antisemitism)'이다. 반유대주의란 개념은
1879년 빌헬름 마르(Wilhelm Marr)가 『독일주의에 대한 유대
교의 승리 *Der Sieg des Judentums über das Germanenthum*』
에서 유대인과 유대교에 대한 증오를 기술하기 위해 처음으
로 고안된 이후 학술적 용어이자 저널리즘 용어로 널리 퍼지
게 되었다. 단어 그 자체로 반유대주의는 반(反)셈족(Semites)
이라는 뜻이지만, 이 개념은 반셈족주의보다 반유대주의가
정확한 번역어이다. 왜냐하면 반셈족주의의 대상은 셈족 전
체가 아니라 전체 셈족 중에서 히브리어를 사용하는 셈족에
국한되기 때문이다. 셈족은 히브리 성서에 나오는 노아의 세

아들 중 하나인 셈의 후예를 지칭하는 개념으로, 동일한 종족이라는 뜻보다는 같은 어원의 언어를 사용하는 집단이라는 의미가 강하다. 반유대주의는 특정 종족(ethnic group)에 대한 혐오감을 의미하는 단어이지만, 나치에 의한 유대인 홀로코스트를 거치면서 소수자에 대한 다수자의 폭력적 지배와 동의어로 사용되고 있다.

"나는 너를 참을 수 없어. 이 사실을 잊지마."(269) 바그너의 오페라 「니베룽겐의 반지」의 등장인물 지그프리트(Siegfried)가 미메에게 던지는 대사만큼이나 반유대주의 정서를 잘 설명해 주는 사례는 없다. 반유대주의는 근거 없는 타인에 대한 증오처럼 보인다. 반유대주의는 인간의 가장 비합리적인, 설명하기 힘든 집단 증오감으로 해석되기도 한다. 하지만 저자들은 비합리적인 정서처럼 보이는 이 반유대주의와 계몽의 원리 사이에 숨겨져 있는 연관성을 파헤친다.

나치의 반유대주의의 직접적 희생자였던 저자들이 반유대주의를 계몽의 변증법의 현대적 결과로 파악하는 것은 개인사적인 경험을 감안할 때 당연한 것이라 볼 수 있다. 하지만 저자들은 반유대주의를 개인적 경험에 국한해 분석하지 않는다. 저자들은 자신들의 디아스포라의 연원을 이해하기 위해 반유대주의를 분석하지 않는다. 오히려 저자들이 볼 때 반유대주의는 문화산업과 더불어 '계몽의 변증법'이 전개되는 필연적인 맥락 위에 놓여 있다. 따라서 저자들에게 반유대주의는 히틀러의 광기와 결합된 역사의 우발적 사건이 아니라 '계몽의 변증법'의 필연적 귀결인 것이다.

셈족의 일원인 유대인들은 이미 기원전 18세기부터 디아스포라를 시작했다. 성경에 의하면 하느님이 아브라함에게 그가 태어나고 자란 우르 땅을 떠나라고 명했다는 기록이 나온다. 유대인들은 유목인으로 방랑을 하다가 기원전 1500년경에 가나안에 정착하지만, 이집트가 가나안을 지배하면서 이집트 노예로 끌려간다. 기원전 1300년경 모세가 이들을 이집트에서 해방시켜 40여 년에 걸친 방랑 끝에 가나안에 재입성하게 된다. 하지만 재건된 이스라엘 왕국은 기원전 8세기 무렵 아시리아의 침략을 받아 멸망하였다. 이스라엘 왕국의 멸망 이후 유대인들은 또 한 번 디아스포라의 길을 나섰다. 유대인은 팔레스티나 지방을 떠나 이집트, 북아프리카, 이탈리아, 프랑스 등을 거쳐 에스파냐, 포르투갈로 이주했다. 유럽으로 이주한 유대인들은 주로 에스파냐의 코르도바에 살았다. 유럽은 기독교화되었지만 에스파냐는 사라센 문화권의 영향하에 있었기에, 기독교가 지배하고 있는 유럽과는 달랐다. 하지만 에스파냐가 이슬람 국가에서 기독교 국가로 바뀌면서, 1492년부터 에스파냐에서 유대인들이 추방되기 시작했다. 유대인들은 독일, 폴란드, 리투아니아 등으로 이주했다. 유럽에서 봉건주의가 붕괴되고 계몽주의 사상이 퍼져 나감과 함께 부르주아 혁명의 시대가 도래하면서, 유대인들은 유럽에서 문제 집단으로 부각되었다. 계몽주의와 프랑스 혁명의 자유 평등 박애라는 이념이 유럽에 퍼지면서, 유대인들은 유럽 각지에서 시민권을 부여받았다. 하지만 19세기로 접어들면서 유럽의 각 국가들이 국민국가 형성에 경쟁적으로 돌입하고 민족주의가 부각됨에 따라, '반유대주의'는 유럽에 퍼지게 되었다.

유대인에 대한 혐오는 히틀러 시대뿐만 아니라 서양 역사에서 지속적으로 되풀이되어 왔다. 셰익스피어의 『베니스의 상인』에서 유대인은 탐욕스러운 인물로 묘사되고 있으며, 비단 셰익스피어뿐만 아니라 유대인에 대한 부정적 재현(representation)의 사례는 종종 발견된다. 신약에서 유대인은 예수를 처형시킨 반기독교적 집단으로 재현된다.

> 축제 때마다 그는(로마 총독 빌라도) 사람들이 요청하는 죄수 하나를 풀어 주곤 했다. 마침 폭동 중에 살인을 한 폭도들과 함께 바라바라 하는 자가 구속되어 있었다. 이윽고 군중이 빌라도에게 올라가서 그가 자기들에게 해온 관례대로 해 주기를 청하기 시작하였다. 그러자 빌라도는 그들에게 대답하여 "내가 유대인들의 왕을

여러분에게 풀어 주기를 원하오?" 하였다. 사실 그는 대제관들이
(예수를) 시기하여 그분을 넘겨주었음을 알고 있었던 것이다.

그러나 대제관들은 군중을 선동하여, 차라리 바라바를 자기들
에게 풀어 달라고 청하게 하였다. 빌라도는 다시 되받아 "그렇
다면 (여러분이 말하는) 유대인들의 왕은 내가 어떻게 하기를 (원
하오)?" 하고 외쳤다. 이에 빌라도가 그들에게 그가 무슨 나쁜
짓을 했단 말입니까? 라고 묻자, 그들은 더욱더 "그를 십자가형
에 처하시오." 하고 외쳤다. 그리하여 빌라도는 군중의 비위를
맞추기로 작정하여 그들에게 바라바를 풀어 주고, 예수를 채찍
으로 매질한 다음 십자가형에 처하라고 넘겨주었다.

—마가 15:6-15 한국천주교회 창립 200주년 기념 신약성서

복음서 중에서 가장 늦게 쓰인 요한복음은 초기 기독교의
반유대주의의 극치를 보여 준다. 요한복음에서 유대인은 빛
을 거부한 자로 재현된다.

예수께서는 당신을 믿고 있던 유대인들에게 말씀하셨다. "당신
들이 내 말 속에 머물러 있으면 참으로 내 제자들입니다. 그러
면 당신들은 진리를 알게 될 것이고 진리는 당신들을 자유롭게
할 것입니다." 그들이 대답하였다. "우리는 아브라함의 후손이
며 일찍이 아무에게도 종노릇을 해본 적이 없습니다. 어떻게 당

신들은 자유롭게 될 것이다 하고 말합니까?' 예수께서 그들에게 대답하셨다. "진실하게 당신들에게 이릅니다. 죄를 짓는 자는 누구든지 죄의 종입니다. 종은 언제까지나 집에 머물러 있지는 않지만 아들은 언제까지나 머물러 있습니다. 그러므로 아들이 당신들을 자유롭게 하면 당신들은 참으로 자유롭게 될 것입니다." …… 예수께서 그들에게 말씀하셨다. "하느님께서 당신들의 아버지시라면 당신들은 나를 사랑할 것입니다. 내가 하느님에게서 나와서 세상에 왔기 때문입니다. 사실 나는 나 스스로 온 것이 아니라 그분께서 나를 파견하셨습니다. 당신들은 왜 내 말을 깨닫지 못합니까? 그것은 당신들이 내 말을 알아들을 수 없기 때문입니다. 당신들은 당신들의 아비인 악마에게서 났으니 그 아비 욕망대로 행하려고 합니다. 그는 처음부터 살인자였으며 진리 안에 서 있지 않았습니다. 그 속에 진리가 없기 때문입니다. 그가 거짓말을 할 때에는 자기 근성대로 말합니다. 그는 거짓말쟁이이며 사실 거짓말의 아비이기 때문입니다. 그렇지만 나는 진리를 말하기 때문에 당신들은 나를 믿지 않습니다. 당신들 가운데 누가 나에게 죄가 있다고 책망할 수 있겠습니까? 내가 진리를 말하고 있다면 당신들은 왜 나를 믿지 않습니까? 하느님에게서 난 이는 하느님의 말씀을 듣습니다. 당신들은 하느님에게서 나지 않았기 때문에 듣지 않습니다."

－요한 8:31-47

유대인에 대한 부정적 재현은 서양이 '타자'를 취급하는 방식을 보여 주는 좋은 사례이다. 유럽인들에게 아랍인이 유럽의 외부에 있는 위험한 '타자'였다면, 유대인은 유럽 내부의 위험한 타자였다. 아랍인들은 유럽 외부의 비기독교도들이었지만 유대인은 유럽 내부의 비기독교 집단이었다. 아랍인들이 유럽인들의 문화적 정체성과 확연하게 구별되는 이질적인 문화적 정체성을 지닌 외부 타자였다면, 유대인들은 유럽 내부에서 유럽인들과 유사하면서도 다른 문화적 정체성을 지닌 집단이었다. 유대인들은 유럽 내부에서 다른 유럽인들과 구별되는 문화적 특징을 지속적으로 견지해 왔다.

다신교의 그리스 시대에 유대인들은 유일하게 유일신 사상을 갖고 있는 집단이었다. 유럽이 다신교의 시대에서 기독교를 받아들이면서 유일신 세계로 전이했지만, 유대인들에게는 예수를 살해한 집단이라는 낙인이 찍혔다. 서양이 기독교적 세계를 구축하면서, 기독교는 유대교에 대한 강한 부정을 통해 스스로의 정당성을 획득했기에, 기독교로서의 유럽적 세계의 구축은 반유대교적 태도를 통해 가능했다. 따라서 유대인에 대한 부정적 재현은 유럽적 세계의 통일성 구축을 위해 매우 중요한 요소였다. 유럽인들은 외부의 타자인 아랍인들의 유럽 침략과 지배, 그에 대한 보복으로 시작된 십자군 전쟁 등에서 알 수 있는 것처럼, 유럽적 동일성을 구축하기 위해 타자를 철저하게 억압하고 근절하여 동일성의 원리를 유지하려 하였다.

외부의 타자인 아랍인과의 대결을 통해 유럽인들이 계몽적 동일성을 유지하려는 노력은 전쟁으로 표현되기도 하였지만, 그 대립은 유럽 내부의 유대인들과의 대립에 비하면 역사적으로 늦게 시작되었을 뿐만 아니라 일상적이지 못했다. 유럽적인 계몽적 주체를 형성하는 과정에서 유럽 내부의 타자였던 유대인과는 일상적으로 부딪혀야 했기에, '반유대주의'는 일상 속에서 끊임없이 재생산되었다.

서양이 기독교적 세계관에 의해 구축되어 가면 갈수록 그와 더불어 반유대주의는 강화되었다. 기독교를 믿는 유럽인들에게 기독교로 개종하지 않고 유럽문명으로 '동화'되지 않은 유대인들은 "반기독교 세력, 우물에 독을 타는 자, 성체(聖體)를 모독하는 자, 적그리스도의 대행자, 고리대금업자, 무당, 흡혈귀" 등으로 재현되었다.

우발적 사건 · 시스템으로서의 반유대주의

아도르노와 호르크하이머는 반유대주의의 근원을 설명하기 이전에 반유대주의에 대한 두 가지 입장을 제시한다. 먼저 나치주의자들에게 반유대주의는 정당하다. 나치주의자들은 "유대인은 단순한 소수파라기보다는 부정적 원리로서의 반종족(Gegenrasse)"(252)이라고 해석한다. 나치주의자에게 유대인이 부당하게 억압받는 소수자가 아니라 반종족이라면, 유대인은 마땅히 지녀야 할 속성들을 갖추지 못한 부정태이다. 나치주의자의 해석과는 달리 자유주의자들은 반유대주의의 근원이 되는 부정적인 유대인의 특징은 "동구의 유대인에게만 해당되는 것이며, 그나마도 완전히 동화되지 않은 유대인에게만 해당"(252)된다고 해석한다. 자유주의적 해석에 따르면 반유대주의의 대상은 동화되지 않은 유대인일 뿐이며, 동화된 유대인은 혈통적으로 유대인이나 반유대주의의 대상이 아니라는 것이다.

저자들은 반유대주의에 대한 두 가지 해석은 "진실이면서 동시에 허위"(252)라는 입장을 취한다. 파시즘의 입장에서 "종족을 부르짖는 파시스트들이 세계에 내보이는 유대인의 초상은 사실 그들 자신의 본질을 드러내는 자화상이다."(253) 파시스트들의 반유대주의는 자신의 거울상이다. 따라서 저자들에게 파시스트의 반유대주의 해석은 진실이며 동시에 허위이다.

자유주의적 해석에 따르면 반유대주의는 "동화되지 않은 유대인에게만 해당되는 것"이지만, 저자들은 반유대주의의 대상은 동화되지 않은 유대인이 아니라 오히려 동화된 유대인이라는 점을 강조한다. 저자들이 보기에 반유대주의자들이 유대인의 특징으로 지적한 것은 동화된 유대인에게 내려진 계몽화의 천형과 같다. "동화된 유대인들이 그 과정 속에서 터득한 '계몽된 자기 지배'는 풍화되어 흔적만 남아 있는 본래의 유대인 공동체를 해체하고는 유대인들을 철저한 근대 시민으로 만들어 주었다."(254)

저자들의 해석에 따르면 반유대주의는 그들이 동화되지 않았기에 내려진 천벌이 아니다. 오히려 그들에 대한 탄압은 그들이 계몽화, 즉 동화되었기에 치러야 하는 대가였다. 그렇기에 저자들이 보기에 반유대주의는 특정한 종족으로서의 유대인, 특정 종교를 믿는 사람들로서의 유대교 집단에 대한 형벌이 아니라 계몽이 치러야 하는 대가이며, 인류 역사의 특별한 '사건'이 아니라 '계몽의 변증법'의 또 다른 결과이다.

반유대주의는 파시즘에 의한 우발적 사건이 아니라 필연적인 '체계'의 결과이다. "반유대주의와 '총체성' 사이에는 처음부터 긴밀한 연관 관계"(258)가 있다. 다만 저자들이 볼 때 반유대주의에 의한 지배의 대상이 유대인이 된 것은 우연이다. 유대인은 계몽이 자기동일성을 유지하기 위해서 끊임없이 필요했던 '제물'에 대한 은유이다. "반유대주의의 맹목성이나 무의도성은 반유대주의가 하나의 '출구'라는 설명에 진실성을 부여해 준다."(256-257) 유대인과 같은 제물은 상황에 따라 서로 뒤바뀔 수 있는 것이다. "집시도, 유대인도, 신교도도, 구교도도 제물이 될 수 있는 것이다."(257)

반유대주의는 자본주의의 내재적 산물이기도 하다. 나치즘 시대에 득세했던 반유대주의는 고대로부터 되풀이되어온 반유대주의와 동일하면서 또 다르다. 근대의 반유대주의는 부르주아적인 반유대주의라는 특징을 지닌다. 저자들은 반유대주의를 군중심리라든가 지도자에 의해 순진한 대중들이 '조작'된 결과물로 이해하지 않고 자본주의의 축적과정이

유발한 필연적 현상으로 본다. 저자들은 반유대주의에 정치경제학적 분석의 칼을 들이댄다. 비유대인들과는 달리 유대인들에게는 부가가치의 원천에 대한 접근이 허용되지 않았다. 유대인들은 생산수단을 소유하지 못했다. 생산수단 소유는 유대인들에게 아주 제한적으로 허용되었다. 생산 부문에의 참여가 허락되지 않았기에 유대인들은 불가피하게 유통에 몰두할 수밖에 없었다.

자본주의 사회가 출현하기 이전 지배자들은 노동을 경멸했다. 이들은 자신들의 정치적 지배를 생산과 노동의 지배를 통해 구축하지 않았기에, 노동을 옹호할 필요가 없었기 때문이다. 하지만 봉건제에서 자본주의로 이행하게 되면서 지배의 토대는 급격하게 변화했다. 고대로부터 이어져 내려오던 반노동주의 철학은 자본주의로의 이행기에서 노동 중심주의 철학으로 변화하기 시작했다. "자본주의가 움트기 시작하던 초창기에 직접 억압의 힘을 휘두른 지배자들이 하층 계급에게만 배타적으로 노동을 떠맡겼을 뿐만 아니라 노동을 수치로 선언함으로써 노동을 지배 밑에 복속시켰다면, 중상주의 시대의 절대군주는 가장 강력한 매뉴팩처의 사장으로 변신한다. …… 그들은 다른 사람들을 좀더 합리적으로 지배하기 위해 노동은 천한 일이 아니라고 선언한다."(260)

노동을 찬양하는 철학을 제공했던 시민계급은 노동이 착

취의 근원이라는 것을 은폐하기 위해 착취의 근원에 대한 가상이 필요했다. "착취에 대한 책임을 유통 부문이 떠맡는 것은 사회가 만드는 필연적 가상이다."(261) 자본주의에 의해 착취당하는 노동자, 자본주의의 확산에 따라 영락한 수공업자나 농민들에게, 유통에 종사하고 있는 유대인들은 자신들의 착취와 몰락을 설명해 주는 가상으로 자리 잡았다. 이것이 시민적 반유대주의의 물적 토대이다.

반유대주의는 종교적 기원을 갖고 있다. 반유대주의는 메시아와 예수 그리스도에 대한 유대교적 해석과 기독교적 해석의 차이에 기반을 두고 있다. 유대교는 예수 그리스도가 메시아의 아들임을 인정하지 않는다. 유대교적 원리에 따르면 메시아는 재현될 수 없다. 따라서 메시아의 아들임을 자처하는 예수는 유대교적 원리에 의거하면 인정될 수 없다. 반면 그리스도교는 예수 그리스도가 메시아의 육화된 정신임을 믿는다. 예수 그리스도를 인정하는가 혹은 인정하지 않는가에서 유대교와 기독교는 서로 화해할 수 없는 근본적 차이를 내포하고 있다. 저자들은 이렇듯 예수 그리스도에 대해 서로 상반된 해석을 내리고 있는 유대교와 기독교가 하나의 뿌리에서 나온 아버지와 아들의 관계임에 주목한다. 기독교는 유대교에 뿌리를 두고 있으나 유대교를 부정하지 않으면 자신의 정당성을 인정받을 수 없다. 기독교의 뿌리인 유대교는 기독

교가 인정하는 예수 그리스도를 인정하지 않는 아버지 종교
이다. 하지만 아들의 종교인 기독교는 아버지 살해를 통해서
만 자신을 정당화할 수 있다. 따라서 종교적 원리로 볼 때 기
독교는 반유대주의로 경사될 수밖에 없는 필연성을 지닌다.

하지만 저자들은 반유대주의가 기독교와 유대교의 종교
적 원리의 차이에 따른 근본주의적 종교대립의 산물이라 보
지 않는다. 저자들은 기독교 신학에 내재한 계몽의 원리와의
유사성에 주목한다. 저자들은 기독교 신학의 원리를 이렇게
요약한다. "절대적인 것이 유한한 것에 가까이 다가오면 올
수록 유한한 것은 절대화된다. 육화된 정신인 그리스도는 신
격화된 주술사다. 인간이 스스로의 모습을 절대적인 것 속에
투영시키는 것과 그리스도를 통한 신의 인간화는 '제1의 거
짓말'이다. 유대교를 넘어서는 진보는 인간 예수가 신이라는
주장에 의해 얻어진 것이다." (266)

저자들의 해석에 따르면 기독교는 유대교를 넘어서는 '진
보'적 종교이다. 유대교와 기독교의 관계는 계몽 이전 상태와
계몽 이후 상태의 관계와 유사하다. 기독교는 계몽 이전에 속
하는 유대교를 넘어서서 '진보'한 종교이다. 계몽이 '진보'
를 제일 원리로 추구하면서 진보의 대가를 치러야 했던 것처
럼, 유대교보다 진보한 종교인 기독교는 "자기유지의 본능은
그리스도를 모방함으로써 극복되어야 하는 것이다." (267)

'절대적인' 메시아가 '유한한' 예수 그리스도로 재현됨으로써, 진보한 종교인 기독교는 '유한자'와 '절대자'의 관계를 전도시켜 유한자를 절대화시키고 유한자를 신봉한다. 이러한 기독교의 원리는 계몽이 추구하는 '자기유지'의 원리와 유사하다. 기독교는 유한자를 통해 절대자를 재현한다. 계몽화된 정신은 유한자인 인간을 통해 절대자인 자연을 재현한다. 유약한 유한자 인간이 절대자 자연을 정복하고 자연정복을 통해 자기유지를 획득하고 이를 통해 진보를 이루었듯, 기독교는 유대교를 정복하고 유대교 정복을 통해 자기 유지를 획득한다. 따라서 계몽화된 기독교는 반유대주의적 성향을 지닐 수밖에 없다.

계몽의 원리는 자기유지를 위해 동일성의 원리에 대해 강박관념을 갖고 있다. 유대인들은 동일성의 원리가 적용되지 않는 보편자에 대립하는 '특수자'로서의 표상으로 자리 잡는다. "사회의 목적 연관에 끼워 넣어질 수 있는 보편자는 자연스러운 것으로 간주"(269)되지만, 보편자가 아닌 특수자, 보편자의 타자는 이상반응을 불러일으키는 대상이 된다. 특수자는 그 자체로 "참을 수 없는 것"이 된다. 특수자를 "참을 수 없는 것"으로 받아들이는 보편자의 태도를 저자들은 '이디오진크라지(특정 대상에 대한 과민한 거부반응)'로 표현한다.

계몽화된 인간은 계몽 이전을 연상시키는 대상에 대해 이디오진크라지를 느낀다. "이디오진크라지가 불러일으키는 모티프들은 궁극적인 근원을 회상하도록 만든다. 그 모티프들은 생물이 탄생하던 저 원시 상태의 순간들을 다시 만들어 낸다. 그것은 소리만 들어도 머리가 곤두서고 심장의 고동이 멈추는 위험의 표지다."(270) 이디오진크라지를 불러일으키는 대상은 계몽이 이미 벗어난, 혹은 계몽이 이미 지배의 대상으로 전락시킨 것들이 갖고 있는 원시적 힘을 연상시키기 때문이다. 따라서 계몽 이전의 원시적 상태와 결부되어 있는 이디오진크라지의 대상에서 계몽화된 주체는 양가적 감정을 느낀다. 한편으로 계몽화된 주체는 원시적 힘 앞에서 서 있는 오디세우스처럼 불안을 느낀다. 이디오진크라지의 대상은 오디세우스를 능가하는 힘을 지닌 키클롭스와 같다. 계몽을 추구하는 주체에게 이디오진크라지의 대상은 불안을 유발하기에, 불안을 느끼는 계몽화된 주체는 이디오진크라지를 불러

일으키는 대상에 대해 이디오진크라지적 반응을 보인다. "그들은 유대인을 용납할 수 없지만 유대인을 끊임없이 모방한다."(275) 이런 점에서 반유대주

학살당한 유대인들.

의는 이디오진크라지를 불러일으키는 유대인에 대한 이디오진크라지적 반응이다. 반유대주의의 이디오진크라지는 '합리화된 이디오진크라지' 이자 '체제 순응적 이디오진크라지' 이다. "해묵은 선사 시대의 모든 공포가 유대인에게 투사"(278)되는데, 이 투사는 계몽화된 주체의 자기유지를 목적으로 삼기에 '합리화' 된 것이며, 유대인들에 대한 이디오진크라지적 집합 행동을 조장함으로써 '체제' 를 유지하려는 계산된 이디오진크라지이다.

'합리화된 이디오진크라지', '체제 순응적 이디오진크라지' 는 원시적 충동과 결부되어 있는 미메시스를 합리화된 노동으로 대체하는 계몽화 단계로의 이행과정에서 출현한다. "문명은 '타자' 에의 유기적인 순응인 본래의 미메시스적 행태 대신 주술의 단계에서는 우선 미메시스를 조직적으로 숙달하게 되며, 마지막 역사의 단계에서는 미메시스를 합리적으로 실천적인 노동으로 대체시킨다."(271) 미메시스가 유대교처럼 합리화되기 이전의 원시적 상태를 의미한다면, 노동은 그 반대로 합리화된 인간의 실천으로 격상된다. 노동은 원시적 힘과의 미메시스적 교류와 달리 원시적 힘을 인간의 책략에 의해 제압한 계몽된 정신의 전리품이다. 진보를 명령하는 계몽된 사유에게 미메시스는 진보하지 않음, 즉 역사적 후퇴와 동일하다.

따라서 계몽화된 정신은 반미메시스적 태도를 견지해야 한다. "종교적인 우상금지에서 시작하여 광대나 집시를 사회로부터 추방하는 것을 거쳐 아이들에게 어른스러워지라고 가르치는 교육에 이르기까지, 수천년 동안 지배자들이 그의 후예나 지배받는 대중에게 미메시스적인 존재 방식으로 돌아가는 것을 엄격히 금지하는 것은 문명의 조건이다."(271) 문명은 반미메시스적 태도 위에 서 있다. 반미메시스적 태도의 강화는 노동을 신성시하는 태도의 강화와 동일하다. 미메시스적 태도는 자연과의 친화성을 표현하지만, 노동의 태도는 자연과의 친화성

이 아니라 자연정복 욕망을 보여 준다.

따라서 자연정복적인 노동의 태도가 내화되지 않으면 계몽화된 정신은 출현할 수 없다. 따라서 계몽화된 사회는 미메시스에 대한 금지와 노동 권유를 양면적으로 추구한다.

(위)유대인 수용소 입구. '일하면 자유로울 수 있다.'
(아래)반유대 시위. '유대인 상점에 가지 말고 독일인 가게에서 사자.'

"사회 또는 개인의 교육은 인간에게 노동이라는 객관적 행동 방식을 강화하며, 인간이 긴장을 풀고는 자연의 다양성 속으로 용해되어 버리는 것을 막아준다."(271)

미메시스적 태도는 자연과의 신체적인 접촉을 꾀한다. 하지만 노동의 태도는 자연과 '개념'을 통해 간접적이고 매개된 관계를 맺는다. 노동의 태도는 영악하다. 왜냐하면 자연과 직접적인 관계를 맺으면, 유한한 존재인 인간은 결코 자연을 능가할 수 없기 때문이다. 유한한 인간이 무한한 자연을 제압하는 유일한 길은 자연과 직접적 관계를 회피하고 '개념'을 통한 매개된 관계를 유지하는 것이다. "자아가 구성됨으로써 반성적인 미메시스로부터 통제된 반성으로 넘어가는 과정은 완성된다. 몸으로 자연에 동화되는 대신에 '개념을 통한 확인', 다시 말해 다양한 것을 동일한 것 속에 집어넣은 행태가 등장한다."(271)

반유대주의와 계몽의 원리

　반유대주의의 근원은 '잘못된 투사(falsche Projektion)'이다. 반유대주의를 낳는 잘못된 투사의 원리는 아도르노와 호르크하이머가 "계몽의 개념"에서 설명했던 계몽의 원리에 다름 아니다. 잘못된 투사는 미메시스의 반대 원리이다. 미메시스의 원리는 주체가 주변 세계와 유사해지려는 것이지만, 잘못된 투사는 미메시스와는 달리 주변세계를 자신과 유사하게 만들려고 한다. 미메시스적 관계에서 주체와 객체는 논리적으로 구별되더라도 지배의 관계를 맺지 않지만, '잘못된 투사'에서 주체는 객체를 지배하려 한다. 주체가 객체를 지배하지 않는 이상 주체가 객체를 자신과 유사하게 만드는 것은 불가능하기 때문이다.

잘못된 투사는 계몽적 주체의 또 다른 특징인 자기 체념을 내재화한다. 잘못된 투사는 "자신의 것이면서도 자신의 것이라고 인정하고 싶지 않은 주체의 충동들을 객체의 탓"(280)으로 돌린다. 잘못된 투사를 꾀하는 주체는 늘 희생양이 되는 객체를 만들고, 희생양에 대해 이디오진크라지적 발작을 일으킨다. 잘못된 투사를 꾀하는 주체가 희생양에 대해 이디오진크라지적 반응을 보이는 이유는, 사실 희생양의 속성은 잘못된 투사를 꾀하는 자신의 인정하고 싶지 않은 속성이기 때문이다. 잘못된 투사를 꾀하는 주체에게 희생양이 되는 대상의 속성이 잘못된 투사를 꾀하는 주체의 속성이다. 희생양으로 전락한 대상은 잘못된 투사를 꾀하는 주체가 스스로 억압하려 하는 주체의 모습을 주체에게 상기시켜 주는, 바로 그 대상이기에 더욱더 참을 수 없다.

'투사'는 불가피하다. "어떤 의미에서는 모든 지각 작용(Wahrnehmen)이 투사다."(281) 하지만 잘못된 투사는 투사를 정교하게 만든다는 목적 하에 통제되고 조작된 투사이다. "계몽의 개념"에서 계몽적 주체는 힘이 아닌 인식을 통해 대상을 지배하고, 이를 통해 계몽적 주체가 형성된다고 아도르노와 호르크하이머는 지적한 바 있다. 인식을 통한 대상 지배가 가능하기 위해서 주체는 '동일적 자아'를 구성해야 하며, 이 '동일적 자아'는 대상과의 거리를 반드시 유지해야 한다.

잘못된 투사는 동일적 자아의 투사이며, 동일적 자아를 낳은 근원이다. "개인의 형성과 함께 감성적 삶과 지성적 삶이 분화된 인간 사회에서 개인은 투사에 대한 통제를 강화하지 않을 수 없다. 그는 투사를 정교하게 만들고 억제하는 법을 동시에 배워야 하는 것이다. 경제적 압박 때문에 인간이 사고나 감정 중 어떤 것이 자신의 것이고 어떤 것이 낯선 것인지를 구별할 줄 알게 됨에 따라 내면세계와 외부세계의 구별, 거리유지와 동일화의 가능성, 자의식과 양심의 구별이 생겨난다."(281-282)

잘못된 투사는 "주체와 객체의 연결 고리"가 끊어지면서 경직된 자아의 객체 인식론이다. 자기유지를 위해 주체는 객체와의 연결고리를 제거해야 했으며, 연결고리가 해체된 결과 주체는 "객체로부터 받은 것은 객체에게 되돌려줄 능력"(284) 상실한다. 이러한 능력의 상실은 주체를 풍요롭게 만들기는 커녕 주체를 더욱더 경색시킨다. 주체와 객체 사이의 연결고리가 끊어졌기에 주체는 객체를 인식할 수는 있지만 객체를 성찰(Reflexion)할 수는 없다. 또한 자신을 성찰할 수 있는 능력도 잃는다. "주체는 외부와 내부로 향하는 두 방향 모두에서 반성하는 힘을 잃어버린다."(284) 성찰 능력의 상실은 무시무시한 결과를 초래한다. 잘못된 투사를 구사하는 주체는 '병든' 주체이다. 그에게 "지배는 수단이 아니라 그 자체가

영양부족으로 마른 유대인들.

목적"(284)이 된다. 병든 주체에게 주체는 "중심"이며, "세계는 주체의 광기를 위한 단순한 기회로 전락한다."(285)

잘못된 투사를 구사하는 병든 주체는 '편집증(Paranotiker)' 환자이다. 반유대주의는 계몽의 편집증적 징후이다. 아도르노와 호르크하이머는 흥미롭게도 편집증이라는 정신분석학적 용어를 사용한다. 하지만 그들의 분석은 심리학적 분석에 국한되지 않는다. 잘못된 투사에 포획되어 있는 계몽적 주체의 '편집증'은 저자들에 의하면 계몽된 사회가 보여 주고 있는 집단 편집증의 모나드이다.

반유대주의는 히틀러라는 개인의 편집증적 이상 징후의 산물이 아니라 계몽화된 사회가 보여 주는 집단 편집증의 사례인 것이다. 편집증 환자는 외부세계를 자신의 목적에 따라 지각한다. 편집증 환자는 대상의 속성에 대해 끊임없이 수다를 떨지만, 그들이 지적하는 대상의 속성은 실제 대상의 속성이 아니라 편집중 환자가 만들어 낸 발명품이다. "편집증 환자는 모든 것을 자신의 형상에 따라 만든다."(285) 편집증 환자는 유아적(唯我的)이다. "그는 살아 움직이는 어떤 무엇도 필요로 하지 않으며, 다만 모든 사람은 자신에게 봉사해야 한다고 요구한다."(285) 이런 점에서 반유대주의의 잘못된 투사는 정신분석학이 지적한 '병적인 투사'의 속성을 지니고 있다. 병적인 투사를 수행하는 편집증 환자는 "사회적으로 터부시된 충동들을 주체로부터 객체로 전이"(288)시킨다. '병적인 투사'를 행하는 편집증 환자가 이디오진크라지적 반응을 불러일으키며 비난하는 특정 대상의 속성은 바로 자신의 속성이다. 편집증 환자는 광적으로 보이지만 체계적이고 논리적이기에 편집증을 앓는다. 편집증 환자는 이디오진크라지적 반응을 일으키는 대상에 대한 평가를 절대 바꾸지 않는다. 편집증 환자가 대상에 대해 갖고 있는 표상은 체계화된다. 그 체계를 무너뜨릴 수 있는 대상에 대한 새로운 평가는 위험한 '타자'일 뿐이다. 편집증 환자에게는 "초일관성"이 중요하다. 초일관성을 위협하는

독일 자연사.

새로운 평가는 개입될 수 없다. 그래서 편집증에 빠진 사람은 논리와 체계의 악무한(schlechte Unendlichkeit)에서 빠져나올 수 없다. 논리와 체계 구축을 목표로 삼는 편집증은 계몽의 또 다른 측면이다.

계몽은 자신이 설명할 수 없는 대상을 은폐하려 한다. 대상 은폐는 계몽에게 사활적이다. 합리성으로 설명될 수 없는 대상의 돌출은 자신의 정당성을 위협하기 때문이다. 따라서 계몽적 합리성은 자신이 설명할 수 없는 대상을 타자화한다. 타자화되지 않고 '거기'에 있는, 계몽적 합리성이 설명할 수 없는 대상에 대해 계몽은 가장 비합리적 반응을 보인다. 반유대주의라는 광기는 계몽이라는 합리성이 빚어낸 이디오진크라지이다. 반유대주의의 비합리성은 합리성으로부터의 이탈로 인해 생겨난 특이 현상이 아니다. 계몽의 합리성은 언제든지 반유대주의와 같은 비합리성을 배출할 수 있는 논리를 갖고 있다. 그래서 역설적으로 가장 반계몽적인 광기의 물결처럼 보이는 홀로코스트

총살 직전의 유대인.

철조망에 갇힌 유대인들.

의 씨앗은 계몽의 합리성에 있다. 반유대주의는 계몽으로부
터의 이탈이 아니라 계몽의 또 다른 결과로 나타난 현대의 야
만일 뿐이다.

7장

야만의 굴레에서
벗어날 수는 없는가

병 속에 담긴 구원의 편지

『계몽의 변증법』은 정말 우울하다. 많은 독자들은 『계몽의 변증법』을 읽고 나서 이 책의 우울한 음조에 대해 불만을 쏟아놓는다. 왜 아도르노와 호르크하이머는 '희망'과 계몽으로부터의 '출구'에 대해 말하지 않느냐고 저자들을 원망하기도 한다.

위험의 핵 속에는 위험의 근원이 숨겨져 있다. 모든 근원은 치명적이다. 위험의 근원에 도달하면 우리는 위험의 발생 이유를 알 수 있지만 동시에 얼마나 위험이 강력한지를 알게 된다. 아도르노와 호르크하이머는 『계몽의 변증법』에서 계몽의 위험한 근원을 탐색한다. 아도르노와 호르크하이머는 계몽의 근원을 파고들어가는 여행을 통해, 계몽의 뿌리를 캐면 캘수록 계몽의 뿌리가 얼마나 강력하게 우리가 살고 있는 현실의 곳곳에 뿌리내리고 있는지를 확인했다. 『계몽의 변증법』을 읽는 독자들도 그들처럼 우리의 주변에 내려진 계몽의 굵고 가는 엄청난 뿌리를 확인했을 것이다. 단지 뿌리가 어디에 있는지만을 알고 싶었다면 독자들은 『계몽의 변증법』을 읽고서도 절망을 느끼지 않을 것이다. 하지만 계몽의 뿌리를 뽑고 싶었던 사람은 뿌리의 거대함을 확인하고 나면 절망감을 느낀다.

우리가 이 책에서 희망을 찾을 수 없다면, 그것은 역설적으로 우리들이 눈을 감고 있다는 것을 의미한다. "동물의 종들처럼 인류 내부의 정신적인 단계들이나 한 인간 내부에 있는 눈먼 지점들은 희망이 정지된 지점들로서, 이 화석화된 희망이 보여 주는 것은 살아 있는 모든 것은 굴레를 벗어버릴 수 없다는 것이다."(381) 눈을 감고 있으면 희망을 볼 수 없다. 계몽의 논리는 '현혹연관', 즉 우리로 하여금 눈을 뜨지 못하도록 하는 맥락(Verblenddungszusammenhang)을 끊임없이 만들어 낸다. 저자들은 현혹연관이 지배하는 계몽화된 사회에서 눈을 뜨기 위해 우리들의 눈을 멀게 만드는 계몽의 근원으로의 생과 사를 건 여행을 시작했다. 그렇다. 위험의 언저리에서 위험의 부차적인 원인만을 탐색하려는 사람은 목숨을 걸지 않아도 된다. 하지만 위험의 핵 속으로 들어가 위험의 뿌리를 뽑아 버리고 싶은 사람은 목숨을 걸어야 한다. 그는 희망을 상실할 수도 있다. 희망 상실은 『계몽의 변증법』을 읽고 나서 독자들이 느낄 수 있는 치명적인 독이다.

희망 상실은 기다리는 능력의 부재에서 온다. 조급한 사람은 『계몽의 변증법』을 읽고 명확한 출구를 제시하지 않았다고 저자들에게 화를 내거나, 계몽의 힘에 놀라 우울증에 빠질 수도 있다. 계몽의 원리는 이러한 두 가지 반응을 조정한다. 계몽은 진보와 속도를 내세운다. 진보와 속도에 익숙해진 사람은 진보와 속도를 비판할 때도 속도를 기대한다. 하지만 계몽은 하루아침에 형성되지 않았다. 계몽은 저자들의 지적처럼 인류의 운명처럼 오랜 세월을 통해 강인한 생명력을 유지하며 그 모든 것을 집어삼키는 막강한 식욕을 자랑하며 무성하게 자라났다. 계몽의 나무 중에서 가지 하나를 쳐내기는 간단하다. 그것은 속도전으로도 가능하다. 하지만 계몽의 가지 하나를 쳐낸다고 우리가 계몽의 굴레에서 벗어날 수 있는 것은 아니다. 계몽의 굴레에서 벗어나기를 원한다면 우리는 용기와 함께 '기다림(Erwartung)'을 배워야 한다. 계몽적 편집증은 "기다리는 능력의 결여"(298)에 기인한다.

기다림은 관조를 의미하지 않는다. 기다림이란 행동의 결여를 의미하지도 않는다. 기다림이란 '원리로서의 희망'을 달리 표현한 것이다. 절망의 바닥까지 내려간 사람만이 얻는 활력이 있다. 바닥까지 내려가지 않은 사람의 활력은 '행동주의'인 경우가 많다. 계몽의 굴레는 행동주의에 의해 벗어던질 수 없다. 아도르노와 호르크하이머는 독자를 바닥까지 끌어내린다. 바닥에 내려와 '우울증'에 걸리는 독자가 있는가 하면, 바닥을 치고 나와 한없는 가벼움으로 계몽과 대결을 벌이는 사람이 있다. 1969년의 재판 서문에서 아도르노와 호르크하이머는 이렇게 말했다.

"오늘날 중요한 것은 간접적이나마 '관리되는 세계'로의 발전을 촉진시키기보다는, 자유를 지키고, 전개시키고, 확산시키는 것이라는 것을 우리는 그 후의 우리 저작들에서 강조해 왔다."(11) 아도르노와 호르크하이머는 독자들이 '우울증'에 빠질 것을 권유하지 않는다. 당신이 이 책을 읽고 우울해 하고 있다면 당신은 여전히 계몽의 무거움에 현혹되어 있을지도 모른다. 당신 앞에 집채만한 바위가 있다. 그 바위를, 바위 같은 무거움을 깨부술 수 있는가? 거대한 바위와 힘으로 대결하는 자는 기다리지 못하고 곧 포기하기 십상이다. 당신은 포기하고 싶지 않은가? 여전히 희망을 찾고 싶은가? 그렇다면 마지막 선택은 현혹연관이 가리고 있는 바위의 빈틈을 찾아내어 아무렇지도 않게, 하지만 오디세우스처럼 교활하게 '간계'로 가볍게 공격하라. 그것이 '계몽의 계몽'이다.

계몽을 가볍게 부술 간계는 어디에 있는가? "반유대주의적인 판단은 항상 '틀에 박힌 사유'에 대한 증거물이었다. 오늘날에는 이러한 틀에 박힌 사유만이 남았다. 선택은 여전히 가능하나 더 이상 개인들의 자신에 고유한 선택이 아니라 획일적인 전체들 중에서 하나를 골라잡는 것이다."(300) '판단 없는 판단'을 경계하라. 계몽이 빚어내는 물화는 너무나 완벽하고 가상은 너무나 치밀하여 "그것을 꿰뚫어본다는 것 자체가 사회에서는 환각"(306)으로 여겨질 정도이다. 진정한 판단이 환각처럼 보이는 계몽의 논리를 뚫고 계몽의 계몽을 꾀하려 한다면, '판단 없는 판단'을 버려야 한다.

티켓적 판단은 판단 없는 판단이다. 티켓적 판단은 이미 정해진 해답 중에서 가장 근사한 해결책을 판단하는, 어이없는 객관식 시험문제의 틀에 갇힌 사유이다. 계몽의 논리는 우리에게 "계몽에 저항하는 다음 방법 중 가장 효과적인 것을 고르시오."란 문제를 내고 그 중의 하나를 선택하라 꼬드긴다. 그 질문에 대답하기 위해 고심하며 답안을 서로 비교하면서 그 중 하나를 고른다면 이미 우리는 판단 없는 판단의 논리에 포섭된 것이다. 계몽의 굴레에서 벗어날 수 있는 간계는 판단 없는 판단의 틀에서 벗어날 때 보인다.

만약 당신이 여전히 우울해 하고 있다면 계몽의 굴레에서 벗어나는 방법을 객관식 답안지에서 고르려 하기 때문이다. 티켓적 사유가 만들어 낸 객관식 답안지에는 계몽에서 벗어날 수 있는 간계가 없다. 가볍게 그 답안지를 버리고 기다림으로 판단으로 하고 가볍게 행동하라. 독자들이 티켓적 사유의 객관식 답안지를 벗어 던질 때야 비로소 『계몽의 변증법』은 인류에게 보내는 아도르노와 호르크하이머의 '병 속에 담긴 구원의 편지'가 될 것이다.

3부

관련서 및 연보

아도르노와 호르크하이머의 저작은 각각 20권, 19권의 독일어 전집으로 발간되었다. 다행스럽게도 아도르노의 저작들은 우리말로 많이 번역되어 있어서, 독일어를 몰라도 그의 사상적 깊이와 관심의 폭을 어느 정도 확인할 수 있다. 하지만 호르크하이머 저작의 한국어 번역판은 아직 없어서 독일어에 익숙지 않은 일반 독자들이 그를 이해하기엔 아직 장벽이 너무 높다.

관련서

아도르노와 호르크하이머의 저서들

현재 아도르노의 저작은 20권 분량의 전집으로 독일 주어캄프(Suhrkamp) 출판사에서 출간되어 있다. 독일어가 가능한 전문 연구자라면 아도르노 전집을 참고할 만하다. 아도르노의 전집은 이렇게 구성되어 있다.

1권: *Philosophische Frühschriften*(초기 철학 저작)

2권: *Kierkegaard. Konstruktion des Ästhetischen*(키르케고르)

3권: *Dialektik der Aufklärung. Philosophische Fragmente*(계몽의 변증법)

4권: *Minima Moralia. Reflexionen aus dem beschädigten*

Leben(미니마 모랄리아)

5권: *Zur Metakritik der Erkenntnistheorie*(인식론 메타비판)

6권: *Negative Dialektik*(부정 변증법)

7권: *Ästhetische Theorie*(미학 이론)

8권: *Soziologische Schriften I*(사회학적 저작 I)

9권: *Soziologische Schriften II*(사회학적 저작 II)

10권: *Kulturkritik und Gesellschaft. Prismen. Ohne Leitbild. Eingriffe. Stichworte. Anhang*(문화비판과 사회)

11권: *Noten zur Literatur*(문학에 관한 메모)

12권: *Philosophie der Neuen Musik*(신음악의 철학)

13권: *Die musikalischen Monographien*(음악에 관한 단행본)

14권: *Dissonanzen. Einleitung in die Musiksoziologie*(음악사회학 입문)

15권: *Komposition für den Film. Der getreue Korrepetitor* (영화음악 작곡)

16권: *Musikalische Schriften I-III. Klangfiguren (I). Quasi una fantasia (II). Musikalische Schriften (III)* (음악에 관한 저작 I-III)

17권: *Musikalische Schriften IV. Moments musicaux. Impromptus*(음악에 관한 저작 IV)

18권: *Musikalische Schriften V*(음악에 관한 저작 V)

19권: *Musikalische Schriften VI*(음악에 관한 저작 VI)

20권: *Vermischte Schriften*(여러 가지 저작)

최근 아도르노 아카이브는 전집으로 출간되지 않았던 아도르노의 강의록 등을 전집 추가분으로 편집 출판하고 있다. 이미 출간된 추가 전집은

Beethoven. Philosophie der Musik(베토벤),

Zu einer Theorie der musikalischen Reproduktion(음악 재생산에 관한 이론),

Kants Kritik der reinen Vernunft(칸트의 순수이성 비판에 대하여),

Ontologie und Dialektik(존재론과 변증법),

Probleme der Moralphilosophie(도덕철학의 문제들),

Zur Lehre von der Geschichte und von der Freiheit(역사와 자유에 관한 학설),

Metaphysik. Begriff und Probleme(형이상학 개념과 문제들),

Einleitung in die Soziologie(사회학 입문),

Vorlesung über Negative Dialektik(부정 변증법에 관한 강의)

등이 있다.

호르크하이머의 저작은 독일 피셔(Fischer) 출판사에서 총 19권의 전집으로 출간되어 있다. 호르크하이머의 전집은 이

렇게 구성되어 있다.

1권: *Aus der Pubertät. Novellen und Tagebuchblätter* 1914~1918(청년시절로부터)

2권: *Philosophische Fruhschriften* 1922~1932(초기철학저작 1922~1932)

3권: *Schriften* 1931~1936(저작 1931~1936)

4권: *Schriften* 1936~1941(저작 1936~1941)

5권: *Dialekdik der Aufklärung und Schriften* 1940~1950 (계몽의 변증법과 1940~1950년의 저작)

6권: *Zur Kritik der instrumentellen Vernunf und Notizen* 1949~1969(도구적 이성비판과 1949~1969년의 노트)

7권: *Vorträge und Aufzeichnungen* 1949~1973(강연 모음 1949~1973)

8권: *Vorträge und Aufzeichnungen* 1949~1973(강연 모음 1949~1973)

9권: *Nachgelassene Schriften* 1914~1931(유고 1914~1931)

10권: *Nachgelassene Schriften* 1914~1931(유고 1914~1931)

11권: *Nachgelassene Schriften* 1914~1931(유고 1914~1931)

12권: *Nachgelassene Schriften* 1931~1949(유고 1931~1949)

13권: *Nachgelassene Schriften* 1949~1972(유고 1949~1972)

14권: *Nachgelassene Schriften* 1949~1972(유고 1949~1972)

15권: *Briefwechsel* 1913~1936(서신집 1913~1936)

16권: *Briefwechsel* 1937~1940(서신집 1937~1940)

17권: *Briefwechsel* 1941~1948(서신집 1941~1948)

18권: *Briefwechsel* 1949~1973(서진집 1949~1973)

19권: *Nachträge, Verzeichnisse und Register*(추기)

호르크하이머 저작의 한국어 번역판은 아직 없으나, 한국
어판 아도르노 저서는 상대적으로 풍부한 편이다. 아도르노
의 철학 저서부터 음악학 관련 저서, 에세이 모음집, 문화비
판 모음집 등 아도르노의 사상적 폭넓음을 보여 주는 다양한
책들이 한국어로 번역되어 있다.

아도르노의 주요 저서들

1949년 아도르노, 『신음악의 철학 *Philosophie der Neuen Musik*』, 방대원 역, 까치, 1986.

절판되어 구할 수는 없으나 『계몽의 변증법』을 이해하기 위
해 꼭 읽어야 하는 신음악에 대한 아도르노의 평론집이다. 이
책에서 아도르노는 쇤베르크와 스트라빈스키를 비교하면서 신
음악의 음악혁명이 갖고 있는 의미를 분석한다. 아도르노는 이
책이 『계몽의 변증법』의 보론이라 생각했다.

1951년 아도르노, 『미니마 모랄리아 *Minima moralia*』, 김유동 역, 길, 2005.

『미니마 모랄리아』는 아도르노가 나치 집권의 박해에서 벗어나 미국 체류 기간에 쓴 에세이 형식의 단상 모음집이다. 이 책에는 『계몽의 변증법』에서 현대적 야만이라 명명했던 나치즘으로 인한 망명의 경험이 녹아 들어 있다. 이 책의 부제는 '상처받은 삶에서 나온 성찰'이다. 부제에서 알 수 있는 것처럼 이 에세이집에는 '상처받은 삶'과 '상처받은 시대'에 대한 아도르노의 성찰이 속속 배여 있다. 학문적 형식을 지니지 않았기에 학문적 의미가 없는 에세이집이라 치부해 버리기 쉬우나, 이 책은 『계몽의 변증법』의 후속편이라고 해도 좋을 정도로 두 책은 밀접한 연관 속에 있다. 그 어느 책보다 아도르노의 진면목을 알 수 있는, 아도르노 자신이 쓴 좋은 입문서이자 그의 사상의 정수를 보여 주는 완결판이다.

1955년 아도르노, 『프리즘 *Prismen, Kulturkritik und Gesellschaft*』, 홍승용 역, 문학동네, 2004.

『프리즘―문화비평과 사회』는 아도르노의 문화비평 모음집이다. 이 책에는 아도르노가 1930년대 말에서 1950년대 초반까지 서술한 다양한 주제의 문화 비평들이 모여 있다. 이 책은 문화비평가로서의 아도르노의 뛰어남과 비평 대상의 폭넓음을 함께 느끼게 해 주는 고전이다.

1960년 아도르노, 『말러: 음악적 인상학 *Mahler. Musikalische Physiognomie*』, 이정하 역, 책세상, 2004.

음악학과 사회학, 철학이 결합하면 이런 음악에 대한 해석이 등장할 수 있다는 것을 가장 잘 보여 주는 아도르노의 소중한 유산이 담긴 책이다. 1960년 말러 탄생 100주년에 출간된 아도르노의 『말러: 음악적 인상학』은 말러 음악을 재조명하고, 말러 음악의 연주사와 연구사의 획기적인 전기를 마련하는 데 기초가 되었다. 아도르노는 말러에 대해 히틀러 정권이 내린 판결과 그의 사후 50년 동안의 음악사가 내린 평가에 이의를 제기하며, 말러의 음악을 통해 신음악의 진정한 의의를 밝히고 있다.

1962년 아도르노, 『음악사회학 *Einleitung in die Musiksoziologie*』, 권혁민 역, 문학과 비평사, 1989.

아도르노는 철학자이자 사회학자였고 동시에 음악학자였다. 『음악사회학』은 아도르노의 학문의 경계를 뛰어넘는 성찰을 잘 보여 주는 대표적 음악 관련 저작이다. 이 책은 입문이라는 제목을 달고 있으나, 입문이라기보다 철학, 사회학, 음악학이 어우러진 음악에 대한 성찰에 가깝다.

1966년 아도르노, 『부정 변증법 *Negative Dialektik*』, 홍승용 역, 한길사, 1999.

『계몽의 변증법』과 더불어 『부정 변증법』은 아도르노의 변증법 시리즈의 완성판이라 볼 수 있다. 『계몽의 변증법』과 비교할 때 순수 철학저서의 성격이 강하게 나타난다. 이 책에서 아도르노는 헤겔의 변증법과 구별되는 자신의 고유한 변증법에 대한 이해를 제시한다. 이 책을 통해 우리는 아도르노의 부정 사상의 핵심을 파악할 수 있다.

1969년 아도르노, 『미학이론 *Ästhetische Theorie*』, 홍승용 역, 문학과 지성사, 1997.

『미학이론』은 아도르노의 미완성 유고이다. 68혁명이 한창 진행되고 있던 와중에 아도르노가 미학강의를 했다는 사실에서 말해주듯, 아도르노의 궁극적 목적은 이론과 사회의 심미화였다. 다른 아도르노의 저서처럼 매우 난해하지만, 이 책은 아도르노 최후의 저작이자 아도르노 이론의 총결산으로서, 철학과 사회학, 그리고 예술 이론에 걸친 다양한 주제들에 대한 심오한 변증법적 탐구로 이루어져 있다.

호르크하이머의 주요 저서들

1936년 『권위와 가족에 관한 연구 Studien über Autorität und Familie』

　　호르크하이머의 단독 저서는 아니지만, 「사회연구소」의 공동 프로젝트로 진행된 나치즘의 기원에 관한 중요한 연구서이다. 호르크하이머는 이 저서의 서문에서 권위와 가족의 문제는 사회이론의 핵심적인 위치는 아니지만, 물질적 하부구조와 이념적 상부구조를 조절하는 가족의 결정적인 역할 때문에 진지하게 연구할 필요가 있다고 강조하였다. 그는 이 연구에서 현대 가족의 기능 변화에 초점을 맞추며, 권위와의 연관성을 해명했다.

1937년 Traditionelle und kritische Theorie (전통이론과 비판이론)

　　호르크하이머의 이 논문은 그가 추구했던 전통이론과 구별되는 비판이론의 궁극적 지향이 무엇인지를 알려준다. 그는 이 논문에서 비판이론이란 "무엇이 어떠해서는 안 된다는 것, 인간은 존재를 변화시킬 수 있으며 그 조건은 바로 지금 현존한다는 것을 단언"하는 것이라 했다. 초기 비판이론의 경향을 알기 위해서 반드시 읽어야 하는 논문이다.

1947년 *Eclipse of Reason* (이성의 몰락). 독일어판은 *Zur Kritik der instrumentellen Vernunft* (도구적 이성비판), 1967.

　　『도구적 이성비판』은 『계몽의 변증법』과 함께 호르크하이머 사상의 특징을 잘 알 수 있는 대표적 저작이다. 이 책은 『계몽의 변증법』의 호르크하이머판이라 부를 수 있을 정도로, 『계몽의 변증법』과 밀접한 관계를 맺고 있다. 이 책에서 호르크하이머는 객관적 이성이 도구적 이성으로 대체됨으로써 발생한 현대의 문제를 도구적 이성 비판을 통해 파헤치고 있다.

『계몽의 변증법』과 관련된 추천하고 싶은 책

빌렘 반 라이엔(Willem van Reijen), 『비판으로서의 철학 *Philosophie als Kritik*』, 이상화 역, 서광사, 2000.

　　독창적이라고 할 수는 없지만, 반 라이엔의 이 저서는 아도르노와 호르크하이머뿐만 아니라, 프랑크푸르트 학파에 대한 입문으로 적당하다. 반 라이엔은 비판이론이 출현하게 된 문화적 배경과 더불어 사회적 · 정치적 배경을 살펴보고, 그 다음으로 각 사상가들의 주요 논지와 그들에 대한 상세한 저작목록, 관련도서와 연보를 제시하고 있다. 반 라이엔의 독특한 해석은 없지만, 비판이론 주요 사상가의 핵심적 논지를 익히고자 하는 사람들에게는 적당한 책이다.

마틴 제이(Martin Jay), 『변증법적 상상력 *Dialectical Imagination*』, 황재우 외 역, 돌베개, 1979.

절판되어 더 이상 구할 수 없는 책이지만, 제이의 이 책은 지금까지 출간된 비판이론의 역사에 대한 그 어떤 해석보다 가장 포괄적이며 상세하다. 제이는 이 책을 통해 1923년부터 1950년에 걸친 「사회연구소」의 중요 연구 경향과 배경을 설명하고 있다. 비판이론의 형성사에 관심이 있는 사람이라면 반드시 읽어야 할 책이다.

마틴 제이(Martin Jay), 『아도르노 *Adorno*』, 최승일 역, 지성의 샘, 1995.

마틴 제이는 『변증법적 상상력』뿐만 아니라 아도르노에 관한 멋진 전기이자 해설서를 집필하였다. 제이는 아도르노에 대한 전기적 접근을 통해 우리에게 아도르노의 삶의 궤적을 상세하게 알려 준다. 하지만 이 책의 장점은 단순한 전기가 아니라, 삶의 궤적과 아도르노 사상의 연관성을 연결하고 있다는 점이다. 아도르노에 관한 어떤 입문서보다 뛰어난 저작이다.

신일철 편, 『프랑크푸르트 학파』, 청람, 1986.

이 책은 호르크하이머, 아도르노뿐만 아니라 마르쿠제와 하버마스의 논문이 수록되어 있다. 다른 단행본에서 찾아볼 수 없는 호르크하이머의 "철학과 비판이론", 아도르노의 "왜 아직도 철학이 필요한가", 마르쿠제의 "지배의 새로운 형태", 하버마스의 "기술적 진보와 사회적 생활세계"에 관한 번역판이 실려 있다.

김유동, 『아도르노 사상』, 문예출판사, 1993.

국내 학자에 의해 처음으로 시도된 아도르노 사상에 대한 포괄적이고 심도 깊은 연구서이다. 『계몽의 변증법』과 『미니마 모랄리아』의 한국어 번역자이기도 한 김유동 교수의 꼼꼼한 아도르노 분석이 돋보이는 책이다. 이 책은 아도르노 사상을 삶의 고통과 희망 모색이라는 측면에서 접근하고 있다. 이 책은 우리가 왜 아도르노를 읽어야 하는지를 그 어떤 책보다 우리에게 설득력 있게 제시하고 있다.

독일 근대사 연보

1517년

루터가 로마 가톨릭 교회의 잘못을 비난하는 95개 조항을
발표하다.

1522~1523년

기사들 사이의 전쟁이 발생하다.

1525년

농민전쟁이 일어나다.

1531년

황제에 반대하는 개신교도들의 모임인 슈말칼덴 동맹이
결성되다.

1618년

30년 전쟁이 시작되다.

1648년

베스트팔렌 조약으로 30년 전쟁이 막을 내리다.

1701년

프리드리히 1세가 프로이센의 왕이 되다.

1713년

프리드리히 1세의 뒤를 이어 프리드리히 빌헬름이 왕이 되다.

1740년

프리드리히 빌헬름의 뒤를 이어 프리드리히 2세(프리드리히 대제)가 왕위에 오르다.

1814~1815년

빈 회의에서 유럽의 새로운 질서가 형성되다.

1848년

프랑스에서 2월 혁명이 일어나고, 3월 3일 베를린에서 3월 혁명이 일어나다.

1862년

비스마르크가 프로이센의 수상으로 취임하다.

1866년

오스트리아-프로이센 전쟁이 발발하다.

1871년

빌헬름 1세가 베르사유에서 황제로 즉위하다.

1878년

베를린 의회에서 반사회주의 법안이 통과하다.

1888년

빌헬름 2세가 즉위하다.

1890년

비스마르크가 수상직에서 해임되다.

1914년

프란트 페르디난트 대공이 사라예보에서 암살되고, 독일이 벨기에를 침공하다.

1918년

독일 황제가 망명하고, 공화국이 선포되다.

1919년

베르사유 조약이 체결되다.

1933년

1월 30일 히틀러가 수상으로 임명되다.

1935년

뉘른베르크 반유대인 법안이 통과되다.

1939년

9월 1일 독일군이 폴란드를 침공하다.

1940년

6월 14일 독일군이 파리에 입성하다.

1942년

2월 2일 스탈린그라드에서 독일군이 패하다.

1945년

4월 30일 히틀러가 자살하고, 정전협상이 이뤄지다.

1949년

서독과 동독으로 분단되다.

1961년

8월 13일 베를린 장벽이 세워지다.

1990년

10월 3일 독일이 통일되다.

아도르노의 삶과 연보

아도르노는 1903년 9월 11일 동화된 유대인 포도주 상인인 오스카 비제그룬트 아도르노(Oskar Wiesegrund Adorno)와 마리아 칼벨리 아도르노(Maria Cavelli Adorno)의 아들로 프랑크푸르트에서 태어났다. 코르시아 태생인 그의 어머니는 가수로 활동했었다. 어린 시절부터 천재성을 발휘했던 그는 이미 14세의 나이에 지그프리트 크라카우어(Siegfired Kracauer)와 함께 칸트 강독을 시작하였고, 크라카우어를 통해 레오 뢰벤탈(Leo Löwenthal)을 알게 되었다. 대학에 진학한 아도르노는 1922년 코르넬리우스(Cornellius)가 주도하는 세미나에서 호르크하이머를 알게 되었고, 1924년 코르넬리우스 교수의 지도를 받아 후설에 관한 연구로 박사학위를 취득했다.

철학 이외에도 음악에 관심을 갖고 있던 아도르노는 1924년 프랑크푸르트 음악 축제에서 알반 베르크(Alban Berg)의 오페라 보제크(Wozzeck)를 보고 감명받았다. 어린 시절부터 음악에 소질이 있던 그는 베르크의 제자가 되기 위해 박사학위 취득 후 비엔나로 이주하였다. 그 당시 비엔나는 크라우스(Krauss)와 쇤베르크(Schönberg)가 활동하는 급진적인 문화도시였다. 비엔나로 간 아도르노는 베르크의 제자가 되었고, 당시 유명한 피아니스트인 슈토이어만(Steuermann)에게 피아노 교육을 받았다. 1927년 비엔나에서 다시 프랑크푸르트로 돌아온 그는 중요한 인물들과 알게 되었다. 에른스트 블로흐(Ernst Bloch), 베르톨트 브레히트(Bertolt Brecht), 발터 벤야민(Walter Benjamin), 쿠어트 바일(Kurt Weil) 등이 그들이다. 이들과의 교유를 통해 아도르노는 그의 사상을 한층 더 발전시킬 수 있었다.

나치의 유대인 탄압을 피해 아도르노는 1934년부터 1938년까지 옥스퍼드에서 박사연구생으로 시간을 보냈고, 1938년 뉴욕으로 이전한 「사회연구소」의 정식 연구원이 되었다. 미국에서 그는 라자스펠트(Lazarsfeld)가 주도하는 프린스턴(Princeton) 대학의 라디오 연구 계획에 참여하였다. 1941년 호르크하이머와 함께 캘리포니아로 이주했다. 이 기간에 호르크하이머와의 공저 『계몽의 변증법』이 작성되었다. 1949년 프랑크푸르트로 돌아온 그는 1958년 「사회연구소」의 소장을 역임했으며, 1969년 심장마비로 사망하였다.

아도르노가 쓴 에세이의 독특한 짜임새와 산문 스타일의 정교성 때문에, 아도르노의 저서 독해는 매우 힘들다. 아도르노는 자신의 태도, 즉 '철학은 요약할 수 없는 것이다.'에 충실해 글을 썼다. 그래서 후대에 아도르노의 문체를 아도르노식 독일어로 명명하기까지 하였다. 사회를 거부했던 아도르노는 사회가 낳은 언어 또한 거부했다. 그 결과 아도르는 독자들이 읽기에 매우 까다로운 독일어를 구사했는데, 아도르노의 독일어는 문법적 결함이나 표현 부족의 산물이 아니라 독자에게 충분한 심각성을 갖고 글을 읽어달라는 일종의 주문인 셈이다.

아도르노는 뛰어난 문화비평가이기도 했다. 이미 작곡가로 활동했던 경력처럼 아도르노의 저술경력은 음악과 관련된 문화비평으로부터 시작된다. 1932년에 처음 발행된 『사회연구지』에 실린 아도르노의 논문 역시 「음악의 사회적 상황 *Zur gesellschaftlichen Lage der Musik*」이었다. 이 논문에서 아도르노는 음악은 그 자신의 구조 속에 사회적 모순을 포함하고 있다는 테제를 발표하였고, 이에 따라 음악을 통해 사회적 상황을 분석하는 독특한 문화비평 방식을 보

아도르노.

여 주었다. 그는 현대의 상황에서 음악의 중요한 구분은 '가벼운' 음악과 '진지한' 음악이 아니라, 시장 지향적인 음악과 그렇지 않은 음악 사이에 있다고 주장하면서, 음악 평론을 통해 자본주의 사회를 비판하는 독특한 방식을 보여 주었다.

아도르노 문화비평의 영감은 쇤베르크 이후의 신음악의 철학을 기초로 하고 있다. 아도르노는 신음악 운동을 철학적으로 재해석하고, 신음악 운동의 철학적 기초에 따라 동시대의 문화를 비평했다. 아도르노가 『계몽의 변증법』의 보론이라 칭했던 『신음악의 철학』 역시 신음악에 대한 아도르노 방식의 고유한 해석의 정점이다. 미국으로 망명하기 이전 옥스퍼드에 머물 때 아도르노가 작성한 「재즈에 관하여 *Über Jazz*」 역시 재즈라는 문화 풍경 독해를 통해 사회의 결을 읽어내는 독특한 문화비평 방식이 적용된 경우에 속한다. 미국으로 망명한 이후에도 아도르노는 음악비평을 통한 사회비판이라는 고유한 문화비평을 지속적으로 수행했다.

아도르노가 미국에서 처음으로 쓴 논문은 1938년의 「음악의 물신적 성격과 청음의 퇴화 *Über den Fetischcharakter der Musik und Regression des Hörens*」였다. 아도르노는 대중문화의 진정한 해방적 국면보다는 사이비 해방 국면을 비판하는 데 주력했다. 이 때문에 벤야민의 에세이 「기술복제 시대의 예술작품」을 둘러싼 아도르노와 벤야민의 논쟁이 벌어지기도

했다. 1940년에 그는 또한 「라디오 음악의 사회적 비판」을 작성했다. 이 논문을 통해 아도르노는 현대 사회의 상품적 성격, 통신기관을 비롯한 사회 모든 분야의 독점 경향, 기존질서를 위태롭게 하는 어떤 종류의 위협에도 순응주의적 요소를 강화함으로써 대응하려는 사회적 반작용, 그리고 문화적 영역에 존재하는 사회적 적대관계를 폭로했다. 그는 대중음악이 갖고 있는 두드러진 특징을 평준화와 사이비 개성에서 찾았다.

익숙한 것을 반복해서 확인하는 것이야말로 대중청취의 본질이며, 이것은 보다 지적인 감상을 위한 수단이 아니라 그 자체가 목적이 되며, 어떤 형식이 성공적인 반응을 얻으면 기업은 동일한 형식을 수없이 반복적으로 확장시키는 경향을 지닌다는 것이다. 그 결과 음악을 통한 기분전환을 가능케 하고 사회적 욕구를 다른 방향에서 충족시키며 사람들의 수동성을 강화함으로써, 사회유지를 위한 일종의 시멘트 구실을 하게 되었다. 미국 망명시절 아도르노는 NBC 라디오 방송을 분석한 「음악 감상 시간」「바그너에 관한 단편」 등을 썼다. 1943년에는 나중에 『신음악의 철학』의 일부로 출판되는 쇤베르크에 관한 평론을 썼다. 망명 경험과 망명 후 미국에서 아도르노가 조우한 미국의 대중문화에 대한 비판적 성찰은 바로 호르크하이머와 함께 『계몽의 변증법』을 서술할 수 있는 밑바탕이 되었다.

1903년

9월 11일 프랑크푸르트의 포도주 상인 비젠그룬트와 카루 엘리 아도르노의 아들로 출생하다. 프랑크푸르트의 김나 지움에 다니는 동안 그보다 10살이나 연상인 지그프리트 크라카우어와 교유를 맺다. 크라카우어와 칸트의 『순수이 성 비판』을 읽다.

1921년

대학입학 자격시험을 치르다. 블로흐의 『유토피아의 정 신』, 루카치의 『소설 이론』을 읽다.

1922~1923년

대학 수업을 시작하다. 후설에 대한 세미나에서 호르크하 이머를 알게 되고, 얼마 후에 벤야민을 알게 되다. 코넬리 우스에게 철학을 배웠고, 부전공으로 사회학, 심리학, 그 리고 음악이론을 연구하다.

1924년

「후설의 현상학에서 물적인 것의 초월과 노에마적인 것」 으로 박사학위를 받다.

1925년

1월 30일 알반 베르크와 쇤베르크에게서 음악이론과 작곡 법을 배우기 위해 비엔나로 가다. 작곡가 한스 아이슬러와 알게 되다. 1927년 교수 자격 청구논문 「선험적 정신론에서의 무의식 개념」을 완성하다. 1928년 블로흐와 알게 되다.

1929~1930년

『안부르흐 Anbruch』의 편집자가 되다.

1931년

틸리히에게서 교수 자격을 취득하다. 교수 취임 강연으로
「철학의 현실성 Die Aktualität der Philosophie」을 발표하다.

1933년

9월 11일 유태인 교수 해고의 일환으로 교수 자격을 박탈
당하다.

1934년

옥스퍼드로 이주하다. 여기서 만하임과 알게 되고, 헤겔
연구를 시작하다.

1938년

2월 미국으로 이주하여 「사회연구소」의 동료들과 합류하
다. 1928년부터 밀접한 관계를 맺어 왔던 「사회연구소」의
공식적인 일원이 되다. 라자스펠트와 함께 라디오에 관한
경험적 연구를 수행하다.

1941년

호르크하이머와 함께 캘리포니아로 이주하다. 「미국에서
의 학문적 경험」에서 미국 시절에 대해 기술하다.

1947년

호르크하이머와 함께 『계몽의 변증법』을 출간하다.

1949년

독일로 돌아가다. 프랑크푸르트 대학의 철학, 사회학 정교수로 임명되다. 『계몽의 변증법』의 보론인 『신음악의 철학』을 출판하다.

1951년

에세이집 『미니마 모랄리아』를 출간하다.

1955년

문화비평 모음집인 『프리즘』을 출간하다.

1958년

1953년부터 공동 소장이었던 「사회연구소」의 소장을 맡게 되다.

1962년

『음악사회학 입문』을 출간하다.

1966년

『부정 변증법』을 출간하다.

1969년

8월 6일 스위스에서 사망하다.

1969년

미완성 유고 『미학 이론』이 출판되다.

호르크하이머의 삶과 연보

　호르크하이머의 지적 경력은 크게 세 가지 단계로 구별된 다. 첫 번째 단계는 도덕적 판단에 근거해 보다 나은 세계를 갈망하는 자유주의자 청년 호르크하이머이다(1914~1918). 두 번째 단계는 자유주의적 개혁의 한계를 깨닫고, 러시아 혁명 의 영향을 받은 마르크스주의자로서의 호르크하이머이다. 세 번째 단계는 마르크스주의의 한계를 인식하고, 마르크스 주의와 자유주의를 모두 뛰어 넘으며 새로운 길을 모색하는 '비판이론가' 로서의 호르크하이머이다.

　호르크하이머는 부유한 가정에서 태어났지만, 어린 시절 부터 사회적 현실에 대해 민감하게 반응했다. 사회적 불의에 대한 호르크하이머의 최초의 반응은 『청년기로부터 *Aus der*

Puberität』라는 책에 실려 있는 조카에게 보낸 편지에 잘 나타나 있다. 조카에게 보낸 편지에서 호르크하이머는 이렇게 썼다. "누가 이 비참함을 고발할까? 너? 나? 우리는 우리가 도살한 자의 살점이 복통을 일으킨다고 불평하는 식인마에 불과해. 아니, 아니, 그보다 더 심해. 넌 안정과 재산을 향유하고 있지만, 그 안정과 재산의 대가는 밖으로는 희생자들의 숨통을 조르고 그들을 피 흘리게 하고 고통으로 몸부림치게 하지. …… 넌 침대에서 잠을 자고 옷을 입지. 하지만 그걸 생산하려고 우리는 채찍을 휘두르며 배고픈 사람들에게서 돈을 강탈한다. 넌 네 모닝코트를 만들기 위해 얼마나 많은 여자들이 기계 옆에서 쓰러지는지 알지 못해. 다른 이들은, 네가 심리 치료를 위해 지불하는 돈을 너의 아버지가 계속 벌 수 있게 하려고, 의식이 있는 상태에서 유독 가스에 타 죽는다. 넌 도스토예프스키의 작품을 두 페이지 이상은 읽을 수 없다는 놀라운 사실을 발견하게 될 거야. 우린 괴물이야. 그렇지만 전혀 가책을 느끼지 않아."

대학에 진학한 호르크하이머는 계몽주의자였던 철학과 교수 코르넬리우스를 만났다. 코르넬리우스는 호르크하이머에게 진정한 스승이라 부를 수 있는 유일한 사람이었다. 하지만 코르넬리우스로부터 학문적인 영향을 받았다기보다는 개인적인 관심에서 친밀감을 공유했다고 보는 편이 정확하다.

코르넬리우스는 당시 보기 힘들었던, 권위적이지 않은 리버럴한 성향의 교수였다. 또한 코르넬리우스는 인문주의적 문화에 관심이 깊었다. 아도르노가 작곡가였던 것처럼 호르크하이머 역시 40대까지 소설 창작에 손을 대기도 했다. 스승 코르넬리우스의 학문적 영향력은 호르크하이머에게서 찾아보기 힘들지만, 코르넬리우스의 깊은 문화적 관심은 호르크하이머에게 계속 이어졌다.

호르크하이머는 러시아의 새로운 혁명에 고무되었음이 틀림없다. 하지만 호르크하이머는 강고한 마르크스주의자는 아니었던 것으로 추측된다. 그는 이미 대학시절부터 마르크스주의적 '집단'에 대한 관심보다는 '개체의 중요성'에 경사되어 있었다. 그는 니체, 딜타이, 베르그송으로부터 많은 영향을 받았다. 호르크하이머에게 이들 철학자들은 추상적인 합리화와 그와 병행에서 일어나고 있는 개인적 존재의 평준화에 대항해서 싸우는 전사들로 보였다. 그는 생철학의 반체제적 충동을 인정할 뿐만 아니라 딜타이와 니체의 저서에 나타난 개인에 대한 강조에 상당한 찬사를 보냈다. 그는

호르크하이머.

니체로부터 비타협적인 비판성의 강력한 영향을 받았다.

하지만 호르크하이머는 생철학을 반복하지 않았다. 그는 생철학의 기본 주장에 대해 동감을 표시했지만, 동시에 생철학적 주장의 한계를 직시하고 있었다. 마르크스주의에 대해 공감하지만 이와 달리 개체의 중요성을 강조하는 생철학에 대한 관심의 복합작용에 의해 호르크하이머만의 독특한 사회철학이 탄생할 수 있었다. 니체, 딜타이, 베르그송과 달리 그는 늘 유물론적 사회이론의 중요성을 제안했다. 하지만 동시에 호르크하이머는 유물론을 하나의 인식이론으로 승격시키고 있는 속류 마르크스주의적 경향에 대해서는 비판적이었다. 그는 생철학과 마르크스주의의 중재(Vermittlung)를 통해, 주체와 객체의 양자택일을 거부하고, 주체와 객체 사이에 있는 힘의 장(Kraftfeld)으로 사회철학을 옮겨 놓았다. 사회철학의 바탕은 주체도 객체도 아닌 주체와 객체 사이의 힘의 장이었다.

1922년 호르크하이머는 「신학적 판단력의 안티노미 *Zur Antinomie der teleologischen Urteilskraft*」란 제목으로 코넬리우스로부터 박사학위를 받았고, 1925년에는 「이론적 실천과 실천적 철학의 결합으로서의 판단력에 대한 칸트의 비판 *Kants Kritik der Urteilskraft. Bindeglied zwischen theoretischer und praktischer Philosophie*」이라는 논문으로 교수자격을 취득하였다. 1930년 호르크하이머는 프랑크푸르트 대학의 사회철학 정교수로 부임하자마자, 곧 「사회연구소」의 소장으로 선출되었다. 호르크하이머는 철학의 과제는 현실 개선이며, 『사회연구지』가 이러한 철학의 목표에 기여하기를 바랐다. 「사회연구소」는 호르크하이머의 이런 노력을 뒷받침해 주는 물질적·제도적 기반이었다.

1933년 호르크하이머는 나치에 의해 교수직에서 해직되었고, 1934년 유대인 탄압을 피해 미국으로 망명하였다. 「사회연구소」는 콜럼비아 대학으로 이주했다. 독일의 나치즘과 소련의 스탈린주의를 경험하면서, 마르크스주의의 혁신이라는 호르크하이머의 꿈은 바뀌었다. 그는 소련에 실망했다. 그는 보다 근본적인 문제를 찾고자 했다. 『계몽의 변증법』과 『도구적 이성 비판』은 이러한 호르크하이머의 새로운 모습을 보여 준다.

1949년 호르크하이머는 독일로 다시 돌아왔고, 프랑크푸르트 대학에 복귀하여 「사회연구소」를 다시 열었다. 독일로 귀환한 호르크하이머는 프랑크푸르트 대학의 사회학 및 철학 정교수로 취임했다. 또한 그는 1951년부터 1953년까지 대학 학장을 역임했다. 1958년 테신의 몬테놀라로 은거에 들어간 그는 1973년 7월 7일 78세의 나이로 작고했다.

1895년

2월 14일 호르크하이머가 슈투트가르트에서 태어나다.

1911년

폴록과 친교를 맺다. 폴록과 함께 입센, 톨스토이, 슈티른
베르크, 졸라의 작품을 읽다. 현장 실습을 위해 폴록과 브
뤼셀로 가다. 그곳에서 스피노자의 『에티카』, 칸트의 『순
수이성 비판』, 그리고 쇼펜하우어의 『삶의 지혜에 대한 잠
언』을 읽다.

1916년

군복무를 하다.

1918년

마르크스를 읽다. 러시아의 10월 혁명과 뮌헨 인민 공화국
에 대해 관심을 가지다.

1919년

뮌헨에서 대학입학 자격시험을 치르다. 뮌헨 대학에 진학
하고, 이후 프라이부르크 대학과 프랑크푸르트 대학에서
수업을 받다. 슈만에게서 심리학을, 코넬리우스에게 형태
심리학과 철학을 배우다. 후설과 하이데거를 알게 되다.

1922년

프랑크푸르트 대학의 코넬리우스로부터 「신학적 판단력
의 안티노미 *Zur Antinomie der teleologischen Urteilskraft*」
라는 논문으로 박사학위를 취득하다. 박사학위 취득 후
1925년까지 코넬리우스의 조교로 있게 되다.

1925년

「이론적 철학과 실천적 철학의 결합으로서의 판단력에 대한 칸트의 비판 *Kants Kritik der Urteilskraft als Bindeglied zwischen theoretischer und praktischer Philosophie*」이라는 교수자격 청구 논문을 쓰다. 5월 2일 교수 취임 강연을 하다.

1926년

프랑크푸르트 대학 강사가 되다. 로자 리커(Rosa Riekher)와 결혼하다.

1930년

사회철학 정교수(Ordinarius)로 임명되다.

1931년

1월 「사회연구소」 소장이 되다. 취임강연에서 「사회철학의 현재적 위치와 사회연구소의 과제 *Die gegenwartige Lage der Sozialphilosophie und die Aufgaben eines Instituts fur Sozialforschung*」라는 논문을 발표하다.

1933년

스위스로 가다.

1934년

미국으로 탈출하다. 뉴욕 콜럼비아 대학에서 일하다.

1937년

유럽으로 잠시 돌아와 벤야민과 만나다. 「전통이론과 비판이론 *Traditionelle und kritische Theorie*」이란 논문을 발표하다.

1940년

캘리포니아로 이주하다.

1940~1942년

『사회연구지』의 후속으로『철학과 사회과학 연구 *Studies in Philosophy and Social Science*』를 편집하다.

1947년

『도구적 이성비판 *Eclipse of Reason*』의 영어판을, 암스테르담에서 아도르노와의 공저『계몽의 변증법』을 출간하다.

1949년

독일로 귀환하다. 프랑크푸르트 대학의 정교수로 다시 임명되다.

1950년

「사회연구소」를 다시 개설하다.

1959년

정년 퇴임 후 루가노의 몬테뇰라로 이주하다.

1971년

함부르크 시로부터 레싱(Lessing)상을 받다.

1973년

7월 7일 뉘른베르크에서 사망하다.

계몽의 변증법 야만으로 후퇴하는 현대

펴낸날   초판 1쇄 2005년   7월 20일
         초판 4쇄 2019년 12월 18일

지은이   **노명우**
펴낸이   **심만수**
펴낸곳   **(주)살림출판사**
출판등록 1989년 11월 1일 제9-210호

주소   **경기도 파주시 광인사길 30**
전화   **031-955-1350**   팩스 **031-624-1356**
홈페이지   http://www.sallimbooks.com
이메일   book@sallimbooks.com

ISBN   978-89-522-0397-6   04080
ISBN   978-89-522-0314-3   04080 (세트)

※ 값은 뒤표지에 있습니다.
※ 잘못 만들어진 책은 구입하신 서점에서 바꾸어 드립니다.